바쁜엄마의 간편요리 ④

워킹맘 도시락

직장 여성을 위한 간편 도시락 레시피

인터컨티넨탈호텔 김 보 성

지구문화사
JIGU PUBLISHING Co.

LBS No.2438
Hataraku Mamano kantan Obentou Recipe

First published in Japan in 2006 by BOUTIQUE-SHA, Tokyo
Korean translation rights arranged with BOUTIQUE-SHA
through SHIN WON AGENCY CO.,Paju

contents

쉽고 간단하게 만드는 귀여운 도시락

10분 이내에 완성! 정말 쉬운 도시락

수퍼나 편의점에서 손쉽게 구할 수 있는 재료를 이용한 간단 레시피

어디서든 구할 수 있는 재료로 만드는 간단 도시락

쉬는 날 만들어 두면 바쁜 평일에도 문제 없다

주말 재료손질로 초고속 레시피

손쉽고 간단히! 특별한 날에는 특별한 도시락으로!

나들이가 즐거워지는 도시락

간단히 만드는 맛있는 디저트!

아이들에게 인기만점 디저트 레시피

동물이나 과일모양으로 도시락을 화려하게 장식하면 맛도 즐거움도 두 배!

아이들이 좋아하는 반찬으로 만든 장식

Tip:

· 10분 이내에 완성! 정말 쉬운 도시락
· 바로 구할 수 있는 재료로 만드는 간단 도시락

모든 메뉴의 사전준비부터 완성까지 동시에 진행할 수 있는 타임스케줄을 소개합니다. 시간 배분만 잘해도 빠르게 도시락을 완성할 수 있습니다.

스피디하게 도시락을 싸기위한

기본 7항목

1 소재를 풀활용

도시락통에 담을 재료를 잘 활용하는 것이 쉽고 빠르게 만드는 포인트. 비엔나 소시지, 김, 맛가루 등의 식재료를 '채워 넣고' '뿌리는' 것뿐이므로 편리하다. 아이들이 좋아하는 재료이기도 하므로 일석이조의 효과를 볼 수 있다.

2 냉동식품을 사용

슈퍼마켓 등에서 구입할 수 있는 냉동식품은 빠르게 조리할 수 있어서 바쁜 아침에 이용하기 편리한 아이템이다. 전자레인지에서 데우는 것만으로 도시락을 쌀 수 있어서 간단하다. 다른 식재료와의 영양균형을 생각해서 적절하게 활용하자.

3 편의점 식재료 모여라

편의점에도 도시락을 손쉽고 빠르게 만들 수 있는 식재료가 풍부하다. 도시락에 빠질 수 없는 비엔나나 소시지나 바로 조리할 수 있는 통조림 등의 가공식품도 구입할 수 있다. 24시간 영업하므로 급할 때 용이하다.

4 랩에 싸서 보관

남은 음식은
도시락 반찬으로
활용

전날 저녁상에서 남은 반찬은 도시락에 활용해 보자. 랩으로 잘 씌워서 보관해 두면 도시락 반찬으로 사용해도 무리가 없다. 단, 생선회나 샐러드 등의 날것은 상하기 쉬우므로 주의한다.

5 주말에 만들어 둔다

주말에 다듬어 두어
만반의 준비를

만드는 데 시간이 걸리는 햄버나 동그랑땡 반죽 등은 주말에 만들어 두자. 시간을 단축할 수 있어서 쉽고 빠르게 요리할 수 있다.

6 보관용기 & 냉장고

남은 재료나 만들
어 둔 반찬은 냉장
고에 보관한다

만들어 둔 반찬은 보관용기, 남은 반찬은 랩을 씌워 냉장고에 보관한다. 사용할 때에 한눈에 알 수 있도록 날짜를 표시해서 보관해 두면 편리하다. 냉장고 안을 항상 깨끗이 정리해 놓는 것도 잊지 말 것.

7 조리기구도 쓰기 나름

빨리 만들기
위해 동시에 진
행한다

프라이팬, 냄비, 전자레인지 등의 조리기구는 바쁜 아침의 좋은 친구. 전자레인지로 데우는 동안에 프라이팬에서 볶음요리를 만드는 등 여러 가지를 동시에 만들면 바쁜 아침을 여유있게 보낼 수 있다.

10분 이내에 완성!
정말 쉬운 도시락
쉽고 간단하게 만드는 귀여운 도시락

영양만점에 아이들도 좋아하는

곰돌이 햄버거 도시락

10분

곰돌이 햄버거

재료

당근(반달썰기) ··· 2개
양파 ··· 20g
식용유 ··· 약간
소고기 다진고기 ··· 50g
슬라이스 치즈, 김, 올리브, 홍피망 ··· 약간씩
Ⓐ [계란 푼 것, 빵가루, 우유 ··· 약간씩
  소금, 후추 ··· 약간씩

만드는 법

1 당근은 반달썰기해서 데친다. 양파는 다져서 식용유로 볶은 후 식혀 둔다. 슬라이스 치즈는 타원형으로 자른다.
2 다진고기에 양파와 Ⓐ를 넣고 잘 섞어서 햄버거 패티를 만든다.
3 곰 얼굴모양으로 빚어서 달군 프라이팬에 식용유를 두르고 굽는다. 식혀서 도시락에 넣고 당근으로 곰의 귀를, 1의 슬라이스 치즈와 김으로는 코를, 올리브와 홍피망으로는 눈을 만든다.

파스타 마요네즈 버무림

재료

파스타 ··· 30g
마요네즈 ··· 약간
오이 ··· 적당량

만드는 법

1 파스타를 삶는다. 오이는 얇게 썬다.
2 1의 파스타와 오이를 마요네즈로 버무린다.

조리법

파스타는 살짝 휘젓듯이 섞는다

파스타와 마요네즈는 살짝 젓가락으로 저어만 준다.

주먹밥

재료

밥 ··· 80g
계란 ··· 1/2개
맛가루 ··· 약간
김 ··· 적당량

만드는 법

1 김은 테이프 모양으로 잘라 둔다. 계란을 풀어서 계란말이를 만든다.
2 맛가루를 섞은 밥은 원기둥 모양으로 만든다.
3 2의 원기둥 모양 밥에 1의 김을 말아 도시락통의 빈 곳에 넣고 계란말이를 담는다.

Time schedule

5분

1 재료 썰기
1 파스타와 당근 데치기
1 김 자르기
2 햄버거 패티 만들기
2 주먹밥 만들기
3 계란말이 만들기
2 햄버거 굽기
3 파스타 버무리기
1 그릇에 담기

10분 완성!!

10분 이내에 쉽게 만들려면…

다른 반찬도 같은 조리법이라면 함께 조리한다

곰돌이 햄버거에 사용하는 양파와 당근, 계란말이에 감는 김은 함께 자르자. 또한 곰의 귀가 되는 당근과 파스타도 함께 데치면 시간을 단축할 수 있다.

손쉽게 구하는 재료로 담기만 하면 OK

토순이 도시락

5분

Time schedule

1 비엔나 소시지 볶기

1 어묵 볶기

2 밥 담기

2 김으로 어묵 말기

3 비엔나 소시지 담기

3 빈 곳에 토마토와 상추 담기

3분

5분 완성!!

토순이 도시락

재료

비엔나 소시지 ······ 1개
식용유 ······ 약간
밥 ······ 적당량
검은깨 ······ 약간
김 ······ 약간

만드는 법

1 비엔나 소시지는 세로로 길게 2등분하고 각각 격자무늬로 칼집을 넣은 후 달군 프라이팬에 식용유를 두르고 볶는다.
2 밥을 타원형 모양으로 도시락통에 담고 검은깨로 눈을, 김으로 입을 만든다.
3 식은 비엔나 소시지를 귀처럼 세워서 도시락통에 담는다.

어묵 김말이

재료

어묵 ······ 2/3개
김 ······ 적당량
상추 ······ 1장
방울토마토 ······ 2개

만드는 법

1 김을 테이프 모양으로 잘라 둔다. 어묵을 2등분하여 세로로 자르고 살짝 볶는다.
2 어묵을 1의 김으로 만다.
3 상추를 도시락통에 깔고, 양끝에 어묵과 방울토마토를 놓는다.

조리법

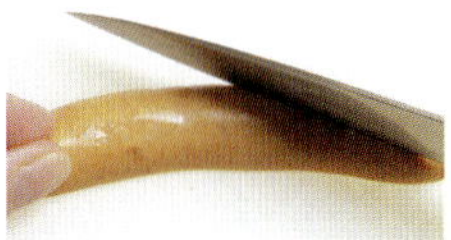

비엔나 소시지에 칼집을 넣는다

비엔나 소시지는 격자무늬로 칼집을 넣는다.

상하기 쉬운 식재료 대책법

생채는 미지근한 물에 담가 둔다

도시락 밑에 까는 데에 잘 이용하는 상추 등의 생채는 미온수에 살짝 담가 둔다. 그렇게 하면 여름철에도 잘 상하지 않아 안심하고 도시락에 넣을 수 있다.

햄 위에 치즈만 얹어서

꿀꿀이카레 도시락

10분 이내에 쉽게 만들려면…

빨리 만들기 위해 가공 식품을 적절히 활용한다

햄이나 치즈, 김 등의 가공식품은 도시락을 쌀 때에 빼놓을 수 없다. 별다른 조리 없이 바로 사용할 수 있으니 여러 가지 아이디어를 짜보자. 이것을 이용하려면 더 귀엽게 아이들이 좋아하는 도시락을 만들 수 있다.

8분

드라이 카레

재료

- 양파 ······ 20g
- 식용유 ······ 약간
- 돼지고기 ······ 20g
- 밥 ······ 80g
- 카레가루 ······ 약간

만드는 법

1 양파는 다져 둔다. 달군 프라이팬에 식용유를 두르고 양파와 돼지고기를 고슬고슬하게 볶는다.

2 1에 밥을 넣어 볶고 카레가루를 뿌려서 드라이 카레로 만든다.

3 식혀서 도시락통에 담는다.

꿀꿀이 얼굴

재료

- 슬라이스 햄 ······ 1장
- 데친 표고버섯 ······ 약간
- 슬라이스 치즈 ······ 적당량
- 김 ······ 적당량
- 검은깨 ······ 적당량
- 멸치볶음 ······ 약간

만드는 법

1 도시락통 크기에 맞추어 둥글게 자른 슬라이스 햄을 드라이 카레 위에 얹고, 데친 표고버섯으로 귀, 슬라이스 치즈로 뺨, 김으로 콧구멍, 검은깨로 눈, 멸치볶음으로 머리카락을 만든다.

메추리알

재료

- 데친 메추리알 ······ 1개
- 분홍색 식용색소 ······ 적당량
- 깨 ······ 적당량
- 파슬리 ······ 적당량
- 검은깨 ······ 적당량

만드는 법

1 메추리알을 식용색소로 물들인다.

2 물이 들면 세로로 세워서 칼집을 넣고, 랩으로 싼 후 위에서 눌러 뭉그러뜨리며 모양을 만들고, 꼭지 부분에 검은깨를 넣는다.

3 식으면 랩을 벗기고 마무리로 깨를 뿌린다. 파슬리와 함께 도시락통에 채워 넣는다.

조리법

드라이 카레는 살짝 볶는다

밥을 넣은 후에는 재빨리 볶을 것. 너무 볶지 않도록 주의.

Time schedule

4분

1 다진 양파와 돼지고기 볶기
1 메추리알 색 입히기
2 드라이 카레 만들기
3 드라이 카레 담기
2 랩으로 메추리알 싸기
3 메추리알 담기
1 슬라이스 햄 자르기
2 돼지 얼굴 만들기

8분 완성!!

김 · 콩 · 당근으로 만드는 귀여운

강아지 도시락

Time schedule

1 전자레인지에서 닭고기 튀김 가열하기

1 전자레인지에서 브로콜리 가열하기

1 강아지 얼굴 만들기

3분

2 도시락통에 넣기

2 브로콜리 담기

1 딸기를 썰어 도시락통에 담기

5분 완성!!

강아지밥

재료

- 밥 ··· 50g
- 김 ··· 적당량
- 삶은 검은콩 ··· 2개
- 강낭콩 ··· 1개
- 당근(데친 것) ··· 적당량

만드는 법

1 둥근 모양으로 밥을 채워 넣고 강아지 얼굴을 만든다. 김으로는 귀, 삶은 검은콩으로는 눈, 삶은 강낭콩으로는 코, 데친 당근으로는 입을 만든다.

2 도시락통에 넣는다.

조리법

강아지 얼굴은 그릇에 채운다

강아지 얼굴은 동그란 그릇을 사용하면 쉽게 만들 수 있다.

닭고기 튀김

재료

- 닭고기 튀김(냉동) ··· 2개

만드는 법

1 닭고기 튀김은 전자레인지에서 가열한다.

2 식으면 도시락통에 담는다.

브로콜리

재료

- 브로콜리(냉동) ··· 2개
- 소금 ··· 약간

만드는 법

1 브로콜리는 전자레인지에서 가열하고 소금을 뿌린다.

2 식으면 도시락통에 담는다.

딸기

재료

- 딸기 ··· 1개

만드는 법

1 딸기는 세로로 길게 잘라 도시락통에 담는다.

상하기 쉬운 식재료 대책법

도시락통의 뚜껑을 닫기 전에 설탕을 뿌린다.

도시락통 안에 과일을 담을 때에는 포인트가 있다. 딸기의 경우는 도시락통의 뚜껑을 닫기 직전에 설탕을 조금 뿌리면 부패를 방지할 수 있다.

메추리알에 색을 입혀 컬러풀하게

활짝 꽃핀 도시락

7분

케첩 라이스 드라이 카레

재료

밥 ············ 60g

케첩, 카레가루 ············ 약간씩

비엔나 소시지(작은 것) ············ 1개

파슬리 ············ 적당량

만드는 법

1 밥은 케첩과 카레가루를 반씩 섞어서, 케첩 라이스와 드라이 카레를 만든다. 각각을 알루미늄 컵에 담아 도시락통에 넣는다. 비엔나 소시지는 얇게 6개로 자른다.

2 1의 비엔나 소시지를 달군 프라이팬에 식용유를 두르고 볶은 후 드라이 카레 위에 장식한다.

3 파슬리는 케첩 라이스 위에 장식한다.

조리법

밥은 알루미늄 컵에 담는다

케첩 라이스와 드라이 카레는 알루미늄 컵에 담으면 더 귀엽다.

플라워 소시지

재료

비엔나 소시지 ············ 1개

식용유 ············ 적당량

만드는 법

1 비엔나 소시지는 2개로 자르고 세로로 칼집을 넣어 꽃 모양으로 만든다.

2 1의 비엔나 소시지를 달군 프라이팬에 식용유를 두르고 볶아서 도시락통에 담는다.

메추리알

재료

삶은 메추리알 ············ 2개

식용색소(분홍, 노랑) ············ 적당량

만드는 법

1 메추리알은 식용색소에 각각 담가 놓아 색을 낸다.

2 꼬치로 꽂아서 도시락통에 담는다.

10분 이내에 쉽게 만들려면…

조리하는 도중에 다음 조리를 겸한다.

메추리알에 색을 입히는 작업을 하는 동안 케첩 라이스와 드라이 카레를 만들자. 작은 비엔나 소시지, 비엔나 소시지는 함께 칼집을 내어 프라이팬에서 볶는다.

Time schedule

- 1 메추리알에 색 입히기
- 1 밥을 만들어 담기
- 2 비엔나 소시지를 작게 자르기
- 1 비엔나 소시지에 칼집을 넣어 볶기
- 4분
- 3 파슬리 얹기
- 2 비엔나 소시지 담기
- 2 메추리알에 꼬치 꽂아 담기
- 7분 완성!!

8분

비엔나 소시지에 칼집을 넣어 볶기만 하면 끝

비엔나 소시지 볶음면 도시락

10분 이내에 쉽게 만들려면…

숙련된 솜씨는 요리사로의 지름길

냉동식품인 볶음면과 시금치를 전자레인지에서 가열하는 동안에 비엔나 소시지에 칼집을 낸다. 또 비엔나 소시지는 전날에 미리 준비해 두면 일이 빨라진다.

비엔나 소시지

재료

비엔나 소시지 ················· 1개반
식용유 ················· 적당량

만드는 법

1 비엔나 소시지는 세로로 반을 갈라 격자무늬로 칼집을 넣는다.
2 달군 프라이팬에 식용유를 두르고 볶는다.
3 비엔나 소시지를 둥글게 말아 꼬치에 꽂아 도시락통에 담는다.

볶음면

재료

볶음면(냉동) ················· 1/4봉지
메추리알 ················· 1/2개
식용색소 ················· 적당량

만드는 법

1 볶음면은 전자레인지에서 데워 도시락통에 담는다. 메추리알은 분홍색 식용색소으로 물들인다.
2 볶음면 위에 꽃 모양을 낸 메추리알을 장식한다.

시금치볶음

재료

시금치(데쳐서 냉동한 것) ················· 1개
버터 ················· 적당량

만드는 법

1 시금치를 전자레인지에서 해동한다.
2 프라이팬에 버터를 녹여서 시금치를 볶아 볶음을 만든다.
3 식으면 도시락통에 담는다.

Time schedule

4분

- 1 시금치 가열하기
- 1 볶음면 가열하기
- 1 비엔나 소시지 썰기
- 2 비엔나 소시지 볶기
- 2 시금치 볶기
- 3 시금치 담기
- 3 비엔나 소시지 담기
- 2 볶음면 담기

8분 완성!!

조리법

시금치는 부드럽게 익힌다

시금치 볶음은 프라이팬에 버터를 녹여 부드러워질 때까지 볶는다.

재료를 활용하면 어떤 모양이든 척척

잠자리 도시락

5분

하늘을 나는 잠자리

재료

스냅완두 ···················· 1개
비엔나 소시지 ···················· 2개
식용유 ···················· 약간
밥 ···················· 80g
슬라이스 치즈 ···················· 1/2개
살라미(작은 것) ···················· 2쪽

만드는 법

1 스냅완두를 데쳐 놓는다. 비엔나 소시지는 세로로 반을 갈라 격자무늬로 칼집을 넣는다.
2 비엔나 소시지를 달군 프라이팬에 식용유를 두르고 볶는다.
3 스냅완두의 끝을 비스듬히 썰어서 떼낸다.
4 도시락통에 밥을 담는다. 그 위에 스냅완두로 몸통을, 비엔나 소시지로 날개를, 치즈로 얼굴을, 살라미로 눈을 만든다.

조리법

스냅완두는 비스듬히 자른다.

스냅완두는 구부러져 있으므로 앞을 비스듬히 잘라 모양을 가지런히 만들어 준다.

장식반찬

재료

Ⓐ
김자반 ···················· 약간
건포도 ···················· 약간
참깨 ···················· 약간

만드는 법

1 Ⓐ를 도시락통의 빈 자리에 뿌린다.

10분 이내에 쉽게 만들려면…

완두를 데치는 동안에 비엔나 소시지에 칼집을 넣는다

스냅완두를 데치는 동안에 비엔나 소시지에 칼집을 넣어 두면 시간을 줄일 수 있다. 살라미와 치즈는 칼로 모양을 내어 빨리 뜯어낸다. 또한 장식반찬은 미리 만들어 두면 바로 사용할 수 있다.

Time schedule

1 스냅완두를 데치고 비엔나 소시지 자르기
2 비엔나 소시지 볶기
3 스냅완두 자르기
4 도시락통에 담기

3분

1 각각을 도시락통에 담기

5분 완성!!

10분 이내에 완성! 정말 쉬운 도시락

햄버거가 차로 변신!

햄버거 자동차 도시락

10분

10분 이내에 쉽게 만들려면…

주전자에 뜨거운 물을 끓여 두면 조리가 간단해진다

마카로니와 스냅완두를 동시에 데칠 때, 주전자에 뜨거운 물을 끓여 두면 일의 효율이 높아진다. 또한 햄버거 패티는 전날 미리 준비해 두면 편리하다.

자동차 햄버거

재료

양파 ··· 20g
식용유 ··· 적당량
소고기 다진고기 ··· 50g
Ⓐ 계란 푼 것 ··· 약간
Ⓐ 빵가루 ··· 약간
Ⓐ 우유 ··· 약간
Ⓐ 소금, 후추 ··· 약간씩
밥 ··· 50g
어묵(구멍뚫린 것) ··· 1/3개
카레가루 ··· 약간
비엔나 소시지, 치즈 ··· 약간씩

만드는 법

1 비엔나 소시지는 작게 썰고, 치즈는 사각형으로, 어묵은 2개로 썰어 둔다. 양파는 다진다. 달군 프라이팬에 식용유를 두르고 비엔나 소시지와 양파를 볶아서 식혀 둔다.

2 소고기 다진고기에 1의 양파와 Ⓐ를 넣어 잘 섞어서 햄버거 패티를 만든다. 자동차 모양으로 만들어 프라이팬에 식용유를 두르고 구운 후 식혀 둔다.

3 조금씩 덜어 놓은 밥에 카레가루를 섞어서 1의 어묵 구멍에 채워 넣어 바퀴를 만든다.

4 1의 비엔나 소시지와 치즈를 창문처럼 햄버거 위에 얹어서 도시락통에 담는다.

연어 플레이크 주먹밥

재료

밥 ··· 60g
연어 플레이크 ··· 약간
검은깨 ··· 적당량

만드는 법

1 밥에 연어 플레이크를 섞고 동그랗게 뭉친다. 그 위에 검은깨를 뿌려서 도시락통에 담는다.

마카로니

재료

마카로니 ··· 10g
스냅완두 ··· 2개
소금 ··· 약간

만드는 법

1 마카로니와 스냅완두를 함께 데친다.

2 마카로니에 소금을 뿌려서 볶고 스냅완두와 버무린 후 도시락통에 담는다.

조리법

어묵에 밥을 넣어 바퀴처럼 만든다

어묵 구멍에 밥을 채워넣기만 하면 자동차 바퀴가 된다.

Time schedule

5분

1 마카로니와 스냅완두 데치기
1 재료 썰기
2 햄버거 패티 만들기
2 햄버거 굽기
1 주먹밥 담기
3 어묵 구멍에 밥 채우기
4 도시락통에 담기

10분 완성!!

하늘을 나는 도시락

로켓 도시락

7분

로켓 도시락

재료

햄버거 소시지 ···································· 적당량
오이 ·· 약간
살라미(얇게 저민 것) ························· 1.5장
슬라이스 치즈 ······································ 1장
어묵 ·· 약간

만드는 법

1 오이는 얇게 자르고, 치즈는 작게 사각형으로 자르고, 살라미는 반달모양으로 잘라 둔다.

2 햄버거 소시지는 도시락통 크기에 맞춰 로켓의 몸체모양으로 자른다. 프라이팬에서 구운 다음 식혀 둔다.

3 1의 오이는 날개, 슬라이스 치즈는 창문, 꼬리 쪽에 살라미를 장식한다. 어묵은 별모양으로 파서 도시락통에 담는다.

조리법

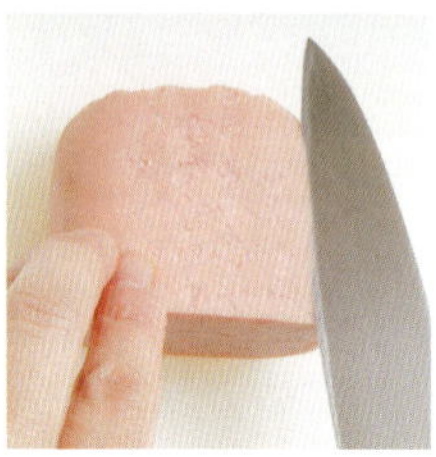

로켓의 몸통은 햄버거 소시지로 만든다.

우선 어느 한쪽 끝을 자르고 다른 한쪽의 좌우를 잘라 로켓의 몸체를 만든다.

김도시락

재료

밥 ·· 80g
간장 ·· 적당량
구운 김 ··· 적당량

만드는 법

1 밥을 도시락통에 담고 김의 한쪽에 간장을 바른다.

2 밥 위에 1의 김을 얹는다.

상하기 쉬운 식재료 대책법

오이는 전날에 단촛물에 담가 둔다

오이는 전날에 설탕을 섞은 식초에 2~3시간 담가 두면 잘 상하지 않는다. 또 다른 방법으로는 뜨거운 물을 살짝 끼얹으면 된다. 대책법을 미리 알아 두면 한여름에도 걱정 없다.

Time schedule

- 1 재료 썰기
- 1 도시락통에 밥 담기
- 2 밥 한쪽 면에 간장을 발라서 밥 위에 얹기
- 4분
- 2 소시지 볶기
- 3 어묵을 잘라 별 모양으로 파기
- 7분 완성!!

롤빵도 자르기만 하면 차로 대변신

버터롤 자동차 도시락

10분

Time schedule

1 야채롤가스 가열하기
1 버터롤 잘라내기
1 삶은 고구마 자르기
2 비엔나 소시지 얹기
5분 2 방울토마토 담기
2 도시락통에 담기
3 바퀴를 만들어서 담기

10분 완성!!

버터롤 자동차

재료

버터롤 ···· 1개
비엔나 소시지 ···· 약간
어묵(구멍 뚫린 것) ···· 1/3개
케첩 라이스 ···· 약간

만드는 법

1 버터롤은 가운데에서 끝쪽으로 가로세로 칼로 베어 잘라낸 후 도시락통에 담는다. 비엔나 소시지는 2~3개로 작게 잘라 프라이팬에서 살짝 볶는다.
2 비엔나 소시지를 버터롤 위에 올려놓는다.
3 어묵에 케첩 라이스를 채운 후에 반으로 잘라 바퀴를 만든다.

조리법

버터롤 자르기

버터롤의 반 정도를 자른 후 옆으로 잘라서 떼어낸다.

고구마 샐러드

재료

삶은 고구마 ···· 20g
Ⓐ 건포도 ···· 약간
Ⓐ 마요네즈 ···· 약간

만드는 법

1 삶은 고구마는 잘게 잘라 Ⓐ와 섞는다.
2 도시락통에 담는다.

야채롤 가스

재료

야채롤 가스 ···· (냉동) 1개
방울토마토 ···· 1개
상추 ···· 적당량

만드는 법

1 전자레인지에서 야채롤가스를 가열한다. 방울토마토를 꽃모양으로 자른다(70쪽 참조).
2 도시락통에 상추를 깔고 야채롤가스와 방울토마토를 담는다.

상하기 쉬운 식재료 대책법

자른 토마토는 단촛물에 담근다

토마토는 껍질을 벗기거나 자르지 않으면 잘 상하지 않지만, 껍질을 벗기면 금방 상한다. 이 경우는 식초에 설탕을 섞은 단촛물을 조금 뿌리면 금방 상하는 것을 막을 수 있다.

빵을 메인으로 한 간편 레시피

기차롤 도시락

7분

기차롤

재료

샌드위치용 빵 ······ 2장
참치 페이스트 ······ 적당량
상추 ······ 적당량
Ⓐ [김 ······ 약간
　 [훈제 연어 ······ 약간

만드는 법

1 랩 위에 작게 자른 Ⓐ를 창문처럼 보이게 얹는다. 그 위에 샌드위치용 빵 1장을 놓고, 참치 페이스트를 바른다.

2 랩으로 끝에서부터 돌돌 말아 양 끝을 돌려서 조인다.

3 참치 페이스트를 바른 후에 말아 놓은 빵을 하나 더 만들고, 3개로 잘라 바퀴를 만든다.

4 도시락통에 상추를 깔고 기차 모양으로 빵을 배열한다.

조리법

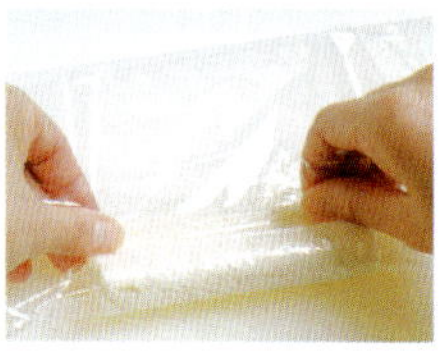

롤은 랩으로 싼다

기차롤은 랩을 사용해서 말면 깨끗하게 마무리된다.

10분 이내에 쉽게 만들려면…

감자튀김이 만들어질 동안 참치 페이스트를 바른다

감자튀김을 튀기는 동안에 샌드위치용 빵에 참치 페이스트를 바르고, 랩으로 싼다. 비엔나 소시지를 볶는 동안에 둥글게 만 빵을 썬다. 상추를 신선하게 유지하는 방법은 9쪽 참조.

비엔나 소시지 & 감자 튀김

재료

비엔나 소시지 ······ (작은 것) 1개
감자튀김(냉동) ······ 3개

만드는 법

1 감자튀김은 기름에 튀기고, 비엔나 소시지는 격자무늬로 칼집을 넣어 프라이팬에서 살짝 볶는다.

2 각각 식으면 도시락통의 빈 곳에 담는다.

Time schedule

4분

- 1 감자튀김 만들기
- 1 페이스트를 발라 랩으로 싸기
- 2 기차 부분의 롤 만들기
- 3 바퀴 만들기
- 4 롤빵 채우기
- 2 도시락통에 담기

7분 완성!!

도시락에 만발한 꽃

꽃밭 도시락

10분

꽃 주먹밥

재료

밥 …………………………… 80g

Ⓐ ┌ 식용색소 …………………… 약간
　 └ 카레가루 …………………… 약간

Ⓑ ┌ 잔멸치 ……………………… 약간
　 └ 잔멸치 조림 ………………… 약간

만드는 법

1 밥은 반으로 나누어 Ⓐ를 각각 섞는다. 틀을 이용해 꽃 모양으로 만들고 그 위에 Ⓑ를 각각 얹는다.

조리법

밥은 주걱을 이용하여 모양을 만든다

젓가락으로 만드는 것보다 고무주걱을 이용하는 것이 자연스럽게 잘 만들어진다.

검은깨와 찐고구마

재료

고구마 …………………………… 30g

식용유 …………………………… 적당량

검은깨 …………………………… 적당량

만드는 법

1 고구마는 쪄서 한입 크기로 썬다. 달군 프라이팬에 식용유를 두르고 볶은 후 검은깨를 뿌린다.

메추리알

재료

메추리알 …………………………… 1개

식용색소 …………………………… 적당량

검은깨 …………………………… 적당량

파슬리 …………………………… 적당량

만드는 법

1 메추리알을 식용색소에 담가 물들인다.

2 검은깨를 1의 메추리알에 눈처럼 붙인다.

3 도시락통에 담고 빈 곳에 파슬리를 담는다.

10분 이내에 쉽게 만들려면…

우엉조림을 가열하는 동안 고구마를 썬다

우엉조림을 전자레인지에서 가열하는 동안 고구마를 찌고, 메추리알에 색을 입히는 동안 고구마를 썰어 둔다. 또 볶은 고구마와 동시에 밥을 섞어서 틀에 넣으면 효과적으로 작업할 수 있다.

우엉조림

재료

우엉조림 …………………………… (냉동) 한줌

만드는 법

1 우엉조림을 전자레인지에서 가열하여 도시락통에 담는다.

Time schedule

- 1 우엉조림 가열하기
- 1 메추리알에 색 입히기
- 1 고구마 볶기
- 5분
- 1 밥으로 모양 내기
- 2 메추리알에 검은깨로 눈 만들기
- 3 메추리알 담기
- 10분 완성!!

물고기가 이리저리 헤엄치는

수족관 도시락

10분

10분 이내에 쉽게 만들려면…

빨리 만들기 위해 순서를 잘 생각한다.

아스파라거스, 김, 비엔나 소시지, 양배추를 재빨리 썰어 둔다. 다음으로 소시지를 볶고, 밥으로 모양을 만들고, 슬라이스 햄과 어묵으로 물고기 모양을 만든다.

물고기밥

재료

밥 ···················· 50g
아스파라거스 ···················· 1/3대
Ⓐ 슬라이스 치즈 ···················· 적당량
Ⓐ 검은깨 ···················· 적당량
Ⓑ 계란 지단 ···················· 적당량
Ⓑ 김 ···················· 적당량

만드는 법

1 밥은 틀을 이용해서 물고기 모양으로 만들어 도시락통에 담는다. 아스파라거스는 반달모양으로 얇게 저며 비늘 모양으로 밥 위에 얹는다. Ⓐ로 눈을 만들고, Ⓑ로 꼬리를 만든다.

조리법

틀에 밥을 너무 많이 채우지 않는다

밥을 너무 많이 채우면 틀에서 잘 빠지지 않는다. 여유있게 넣어서 고루 펼친다.

문어 비엔나

재료

비엔나 소시지 ···················· 4개
식용유 ···················· 약간
김 ···················· 적당량

만드는 법

1 김을 테이프 모양으로 잘라 둔다. 비엔나 소시지의 아래쪽 반을 4등분하여 문어발을 만든다.

2 달군 프라이팬에 식용유를 두르고 볶는다. 다 볶으면 1의 김을 비엔나 소시지 끝에 만다.

콩자반

재료

콩자반 ···················· 3개

만드는 법

1 도시락통의 빈 곳에 콩자반을 채운다.

어묵 물고기

재료

흰살어묵 ···················· 1/2장
슬라이스 햄 ···················· 1/4장
양배추, 게맛살 ···················· 약간
검은깨 ···················· 2개

만드는 법

1 양배추를 채 썬다. 어묵을 두 개로 썰고, 슬라이스햄을 물고기 모양으로 자른다. 하나의 어묵 위에 슬라이스 햄을 얹는다.

2 1의 양배추와 손으로 찢은 게맛살을 도시락통에 담는다. 그 위에 1의 어묵 물고기를 나란히 얹고 검은깨로 눈을 만들어 붙인다.

Time schedule

5분

1 아스파라거스 데쳐서 자르기
1 김과 비엔나 소시지 썰기
1 양배추 썰기
2 비엔나 소시지 볶기
2 모양 만들기
1 콩자반 담기
10분 완성!!

여자아이가 좋아하는

하트 샌드위치 도시락

8분

하트형 샌드위치

재료

빵(샌드위치 용) ······ 2장
참치 페이스트 ······ 약간
슬라이스 햄 ······ 1장
양상추 ······ 적당량

만드는 법

1 크기가 다른 하트 모양으로 빵을 3장 자른다.
2 작은 하트모양의 빵과 같은 크기로 슬라이스 햄을 한 장만 잘라서 빵에 얹는다.
3 도시락통에 양상추를 깐다. 2의 빵 표면에 참치 페이스트를 바르고 큰 순서대로 빵을 겹쳐서 도시락통에 담는다.

조리법

빵의 중심부를 틀로 누른다

빵을 틀로 도려낼 때에는 중심부분에서 눌러 도려낸다. 깔끔하게 모양이 만들어진다.

치킨 너겟

재료

치킨 너겟(냉동) ······ 2개

만드는 법

1 치킨 너겟은 오븐 토스터에서 데운 후 상온에서 식혀 둔다.
2 1이 식으면 도시락통에 담는다.

후르츠 펀치

재료

후르츠 칵테일(통조림) ······ 20g
요구르트(가당) ······ 약간

만드는 법

1 후르츠 칵테일은 물기를 없애고 요구르트와 섞는다.
2 컵에 담아 도시락통에 채워 넣는다.

상하기 쉬운 식재료 대책법

후르츠 펀치는 레몬즙을 곁들인다

요구르트나 과일은 상하기 쉬운 재료이므로 도시락 뚜껑을 닫기 전에 레몬즙을 약간 뿌린다. 이렇게 하면 잘 상하지 않는다. 양상추의 경우는 9쪽의 샐러드 야채 참조.

Time schedule

4분

1 치킨 너겟 데우기
1 빵으로 모양 만들기
1 후르츠 칵테일의 물기 빼기
2 햄으로 모양 만들기
3 빵 담기
2 후르츠 펀치 담기
2 치킨 너겟 담기

8분 완성!!

갖가지 꼬치가 도시락에 한가득

꼬치주먹밥 도시락

10분

꼬치 주먹밥

재료

밥 ······ 60g
김밥용 김 ······ 적당량
파래김 ······ 적당량
소용돌이 모양 어묵 ······ 1장

만드는 법

1 소용돌이 어묵을 얇게 썬다. 밥을 두 덩이로 나눈다. 하나는 김으로 싸고, 다른 한 덩이는 파래김을 부수어 섞어서 주먹밥을 만든다.

2 김 주먹밥에 1의 어묵을 얹는다. 각각의 주먹밥을 꼬치에 꽂아서 도시락통에 담는다.

미니 비엔나

재료

미니 비엔나 소시지 ······ 1개
오이 ······ 적당량
식용유 ······ 적당량

만드는 법

1 미니 비엔나 소시지는 세로로 칼집을 넣어 달군 프라이팬에 식용유를 두르고 볶는다. 오이는 한입 크기로 작게 썬다.

2 꼬치에 1의 미니 비엔나 소시지와 오이를 꽂아서 도시락통에 담는다.

치즈 김말이

재료

치즈맛 스틱형 소시지 ······ 3개
김밥용 김 ······ 적당량

만드는 법

1 치즈 소시지를 김으로 말아서 3등분하여 자르고, 꼬치에 꽂아서 도시락통에 담는다.

조리법

김의 끝에서 치즈 소시지를 말아 간다.

김의 끝에 소시지를 놓고 감기 시작한다. 여분의 소시지는 칼로 자른다.

상하기 쉬운 식재료 대책법

어묵은 볶아서 도시락통에 담는다

소용돌이 어묵은 여름철에 주먹밥 위에 얹으면 상하므로 프라이팬에 살짝 볶아서 담는다. 또 딸기는 레몬즙을 뿌려둔다.

과일 샐러드

재료

딸기 ······ 1개
계란 샐러드(시판품) ······ 약간
파슬리 ······ 적당량

만드는 법

1 딸기에 십자로 칼집을 넣는다. 그 곳에 계란 샐러드를 채워 넣고 파슬리와 함께 도시락통에 담는다.

Time schedule

5분

- 1 소용돌이 어묵 썰기
- 1 치즈 3등분하기
- 1 딸기 썰어서 담기
- 1 미니 비엔나 소시지 자르기
- 2 주먹밥을 만들어 담기
- 2 재료를 꼬치에 꽂아 담기

10분 완성!!

돌돌 말아서 귀여운

유부 말이 도시락

10분

유부말이

재료

조미 유부피 ·································· 2장
밥 ··· 40g
참깨 ·································· 적당량

만드는 법

1 조미 유부는 두 면을 잘라 1장으로 펼친다. 랩을 밑에 깔고, 유부 위에 밥을 얹어 참깨를 뿌린다.

2 유부를 말아 2개로 자른다. 식으면 랩을 벗기고 도시락통에 담는다.

조리법

밥은 너무 많이 얹지 않도록 주의한다

유부에 밥을 너무 많이 얹으면 잘 말아지지 않는다. 적당한 분량으로 덜어서 만든다.

스파게티

재료

스파게티 면 ······························ 10g
케첩 ·································· 적당량
파슬리 (다진 것) ························ 적당량
베이컨 ································ 적당량

만드는 법

1 스파게티를 데친다. 다 데치면 케첩과 살짝 볶은 베이컨을 함께 섞고, 파슬리를 잘게 다져서 뿌린다.

2 주름 컵에 담아 도시락통에 담는다.

계란말이

재료

계란 지단 ································ 1/2장
시금치 ·································· 1줄기
게맛살 ···································· 1개
간장 ······································ 약간
방울토마토 ································ 1개

만드는 법

1 시금치를 데치고 있는 동안 계란 지단을 만든다. 방울토마토는 반으로 자른다.

2 시금치는 간장으로 무쳐 놓는다. 시금치와 게맛살을 각각 계란 지단으로 돌돌 말고, 반으로 잘라 도시락통에 담는다.

3 1의 방울토마토를 옆에 곁들인다.

Time schedule

1 스파게티 데치기
1 시금치 데치기
1 조미 유부피 자르기
5분
2 스파게티 담기
2 시금치 무치기
2 유부말이 담기
3 방울토마토 담기

10분 완성!!

10분 이내에 쉽게 만들려면…

미리 조리도구를 준비해 놓는다

스파게티와 시금치는 함께 데친다. 데치는 동안 유부피와 방울토마토 등을 자른다. 작은 그릇을 2개 준비해 두면 스파게티와 시금치를 손쉽게 무칠 수 있다.

주먹밥 안에 주먹밥이 또 있다!

폭탄주먹밥 도시락

10분

폭탄 주먹밥

재료

밥 ·· 80g
해물 맛가루 ································ 약간
야채 맛가루 ································ 약간
김 ·· 적당량

만드는 법

1 밥을 2등분한다. 한 덩이에는 해물 맛가루를, 다른 한 덩이에는 야채 맛가루를 뿌려 섞는다.
2 해물 맛가루를 섞은 밥을 작게 둥글려 김으로 잘 싼다. 랩을 깔고, 그 위에 야채 맛가루를 섞은 밥을 놓는다. 랩 속에 뭉치듯이 밥을 넣어 둥글게 주먹밥을 만든다.
3 랩으로 싼 후 식혀 둔다. 모양이 잡히면 반으로 잘라 도시락통에 담는다.

조리법

랩을 밑에 깔고 감싸듯이 주먹밥을 만든다

랩 속에 둥글게 뭉치듯이 감싸는 게 포인트. 랩은 큼직하게 잘라 사용한다.

부추계란볶음

재료

어묵(구멍 뚫린 것) ·························· 1개
부추 ······································· 2줄기
계란 ······································· 1/2개
설탕, 간장 ································· 약간씩

만드는 법

1 부추는 잘게 썰고, 어묵은 어슷썬다.
2 프라이팬에 설탕과 간장을 두르고, 1의 어묵과 부추를 볶는다. 어느 정도 볶아지면 계란을 풀어 넣어 함께 마저 볶는다.
3 2를 주름컵에 옮겨 담아 도시락통에 담는다.

10분 이내에 쉽게 만들려면…

시간이 없을 때는 가공식품을 이용한다

반찬 만들 시간이 없는 아침에는 슬라이스 치즈 등 가공식품을 이용하자. 담기만 하면 되므로 간단하다. 또한 치즈는 비닐채로 넣어 부패를 방지한다. 어묵이나 부추는 전날에 다듬어 놓는다.

치즈볼

재료

치즈 ······································· 2개

만드는 법

1 도시락통의 빈 곳에 치즈를 담는다.

Time schedule

5분

- 1 부추와 어묵 썰기
- 2 어묵과 부추 데치기
- 1 밥에 맛가루 뿌리기
- 2 동그랗게 주먹밥 만들기
- 3 주먹밥을 잘라 담기
- 3 주름컵에 옮겨 담기
- 1 치즈 담기

10분 완성!!

슈퍼나 편의점에서 손쉽게 구할 수 있는 재료를 이용한 간단 레시피

어디서나 구할 수 있는 재료로 만드는 간단 도시락

냉동식품으로

컬러풀하고 귀여운 런치

새우딤섬과 새우마요 도시락

10분

사용할 냉동식품

밥

재료

밥 ········· 80g

만드는 법

1 밥을 예쁘게 모양내어 도시락통에 담는다.

새우마요

재료

새우 딤섬(냉동) ········· 2개
파슬리 ········· 약간
마요네즈 ········· 1T
소금 ········· 1/2t

만드는 법

1 파슬리를 다진다. 새우 딤섬을 전자레인지에서 가열한 후 포크로 으깬다.

2 프라이팬에 1의 새우 딤섬과 마요네즈를 넣어 볶고, 소금으로 간을 맞춘다.

3 도시락통에 담고 1의 파슬리 가루를 뿌려서 마무리한다.

당근 명란젓 무침

재료

당근 ········· 1/4개
명란젓 ········· 1/4토막

만드는 법

1 당근은 채 썰어서 살짝 데친다. 명란젓은 전자레인지에서 20초 정도 가열한 후 껍질을 벗겨 둔다.

2 1의 당근과 명란젓을 무쳐서 도시락통에 담는다.

소시지 볶음

재료

비엔나 소시지 ········· 2개
식용유 ········· 1t

만드는 법

1 비엔나 소시지는 비스듬히 칼집을 넣는다.

2 달군 프라이팬에 식용유를 두르고 1의 비엔나 소시지를 볶는다.

3 2의 비엔나 소시지를 도시락통에 담는다.

Time schedule

5분

1 파슬리 썰기
1 당근 채 썰어 데치기
1 비엔나 소시지 썰기
1 밥 담기
2 새우 딤섬 볶기
2 비엔나 소시지 볶기
3 새우 딤섬 담기
2 명란젓 무쳐서 담기
3 비엔나 소시지 담기

10분 완성!!

10분 이내에 쉽게 만들려면…

냉동식품을 사용하는 경우는 전자레인지를 적극 활용

명란젓을 전자레인지에서 가열하는 동안 프라이팬에서 새우 딤섬과 마요네즈, 비엔나 소시지를 볶는다. 도시락이 귀엽게 보이도록 밥 위에 장식을 얹어도 좋다.

10분

냉동식품으로

약간은 화려하게 서양풍 런치

빵버거

사용할 냉동식품

햄버거

빵버거

재료

빵(샌드위치용 잡곡빵 · 식빵)

햄버거(냉동) ········ 2개

슬라이스 치즈 ········ 1/2장

방울토마토 ········ 1개

만드는 법

1 햄버거를 전자레인지에서 데운다. 빵의 가장자리를 자르고 정사각형으로 모양을 다듬는다. 방울토마토는 반으로 자른다.

2 1의 햄버거를 작게 자르고 1의 빵 위에 얹는다. 그 위에 슬라이스 치즈와 1의 방울토마토를 얹는다.

3 2를 오븐 토스터에서 3분 정도 굽는다. 상온에서 식힌 후 도시락통에 담는다.

사용할 냉동식품

고구마 맛탕

고구마 맛탕

재료

고구마 맛탕(시판품) ········ 3~5개

만드는 법

1 가열하지 않은 채로 도시락통에 담는다.

브로콜리

재료

브로콜리 ········ 적당량

만드는 법

1 브로콜리를 데친다.

2 식으면 도시락통에 담는다.

Time schedule

5분

- 1 햄버거 가열하기
- 1 고구마 맛탕 담기
- 1 브로콜리 데치기
- 2 햄버거 자르기
- 3 오븐에서 구운 후 담기
- 2 브로콜리 담기

10분 완성!!

10분 이내에 쉽게 만들려면…

조리시간을 적절히 배분한다.

전자레인지에서 가열하거나 오븐토스터에서 조리하는 시간을 활용하여 햄버거를 데우고 있는 동안에 고구마 맛탕을 도시락통에 담는다.

냉동식품으로

간단한 재료로
두근두근 버거 완성

새우 가스 버거

10분

사용할 냉동식품

새우 가스

새우 가스버거

재료

새우 가스(냉동) ············ 1개
모닝빵 ············ 2개
양상추 ············ 적당량
마요네즈 ············ 약간

만드는 법

1 새우 가스를 전자레인지에서 가열하여 반으로 자른다. 모닝빵에 칼집을 넣고 마요네즈를 얇게 펴 바른다.

2 양상추와 새우 가스를 모닝빵에 끼워 넣고, 마요네즈를 뿌려 도시락통에 담는다.

사용할 냉동식품은 이것!

데친 시금치

시금치와 삶은 계란 샐러드

재료

시금치(데쳐서 냉동한 것) ············ 30~50g
삶은 계란 ············ 1/2개
마요네즈, 소금 ············ 약간씩

만드는 법

1 시금치는 전자레인지에서 가열하고, 먹기 좋은 크기로 자른다. 삶은 계란은 큼직하게 썬다.

2 1의 시금치와 삶은 계란을 마요네즈, 소금으로 버무린다.

3 버무린 것을 주름컵에 담아 도시락통에 담는다.

Time schedule

5분

- 1 새우 가스 데우기
- 1 시금치 데우기
- 1 방울토마토에 치즈와 햄 감기
- 2 버거를 만들어 담기
- 2 마요네즈와 소금으로 식재료 버무리기
- 2 꼬치에 꽂아서 담기
- 3 버무린 샐러드 담기

10분 완성!!

방울토마토 말이

재료

슬라이스 치즈 ············ 1.5cm × 8cm × 1장
햄 ············ 1.5cm × 8cm × 1장
방울토마토 ············ 2개
자몽 ············ 적당량

만드는 법

1 슬라이스 치즈와 햄을 각각 방울토마토에 감는다.

2 1의 방울토마토를 꼬치에 꽂아 도시락통에 담는다. 빈 곳에 자몽을 채워 넣는다.

상하기 쉬운 식재료 대책법

자몽은 설탕을 뿌려 놓는다

도시락에 넣을 자몽은 부패방지를 위해 설탕을 뿌려 둔다. 설탕을 뿌릴 때에는 도시락의 뚜껑을 닫기 직전이 좋다.

냉동식품으로

튀김을 얹은 주먹밥으로
바삭바삭 맛있게

오징어 튀김 주먹밥 도시락

10분

사용할 냉동식품

오징어 튀김

주먹밥

재료

오징어 튀김(냉동) ··············· 2개
밥 ··············· 120~180g
김 ··············· 적당량
게맛살 ··············· 적당량

만드는 법

1 오징어 튀김을 전자레인지에서 가열한다. 오징어 튀김을 하나씩 밥으로 싸듯이 뭉쳐서 주먹밥을 2개 만든다.

2 김을 붙여 도시락통에 담는다. 게맛살을 곁들인다.

사용할 냉동식품

단호박

단호박 베이컨 말이

재료

단호박(냉동) ··············· 1개
베이컨 ··············· 1장
소금 ··············· 약간
버터 ··············· 약간

만드는 법

1 단호박을 전자레인지에서 가열한다. 가열한 단호박을 3등분으로 자른다. 베이컨도 3등분한다.

2 1의 베이컨을 단호박에 말아 프라이팬에 버터를 녹여서 굽는다.

3 소금을 뿌려서 마무리 간을 하고 도시락통에 담는다.

어묵 & 아스파라거스

재료

아스파라거스 ··············· 1/2개
흰살어묵 ··············· 1/4개
식용유 ··············· 약간

만드는 법

1 아스파라거스는 전자레인지에서 가열한다. 어묵은 곰모양 틀을 이용해서 모양을 찍어 1/3 두께로 저민다.

2 프라이팬을 달구어 식용유를 두르고 흰살어묵을 볶는다.

3 2의 어묵과 1의 아스파라거스를 도시락통에 담는다.

10분 이내에 쉽게 만들려면…

아스파라거스를 가열하는 동안에 다음 준비를

먼저 오징어 튀김과 단호박을 전자레인지에서 가열한 다음에 아스파라거스를 가열한다. 그 동안 단호박을 굽는다.

Time schedule

5분

1 오징어 튀김 데우기
1 단호박 가열하기
1 아스파라거스 가열하기
2 단호박 굽기
3 간을 해서 담기
2 어묵 볶기
2 주먹밥을 만들어 담기
3 재료 담기

10분 완성!!

냉동식품으로 도려내기만 하면 귀여운 별님이 반짝

오므누들 도시락

10분

사용할 냉동식품

볶음면

오므누들

재료

볶음면(냉동) ································· 1/2개
계란지단 ······································· 1장

만드는 법

1 볶음면을 전자레인지에서 가열한다. 별모양 틀을 이용하여 지단에 별모양으로 구멍을 낸다.
2 랩에 1의 지단을 깔고 그 위에 1의 볶음면을 얹는다. 랩째로 싸서 입구를 밑으로 오게 하여 도시락통에 담고 모양을 정돈한다.
3 랩을 벗긴다.

사용할 냉동식품

치킨 너겟

치킨 너겟 양배추 말이

재료

치킨 너겟(냉동) ······························ 1개
양배추잎 ······································· 1장
방울토마토 ···································· 1개

만드는 법

1 치킨 너겟을 전자레인지에서 해동한다. 양배추잎을 전자레인지에서 가열하여 부드럽게 만든다.
2 1의 치킨 너겟을 양배추잎으로 만다.
3 2의 치킨 너겟을 반으로 자르고, 도시락통에 담는다. 빈 곳에 방울토마토를 담는다.

Time schedule

1 볶음면 데우기
1 치킨 너겟 가열하기
2 오므누들을 만들어 담기
5분
2 치킨 너겟을 양배추로 감싸기
3 랩 벗기기
3 치킨 너겟 담기

10분 완성!!

10분 이내에 쉽게 만들려면…

면류를 이용하면 반찬 수를 줄일 수 있다.

메인 요리가 면류라면 반찬은 한두 가지로도 빈 곳을 채울 수 있다. 또한 냉동식품을 사용하면 편하게 도시락을 쌀 수 있다. 면류는 열기가 잘 빠져나오지 않으므로 반드시 식힌 후에 도시락통에 담도록 한다.

편의점식품으로

귀여운 컵에
먹기 좋게 담아서

훈제 메추리알과 매시 포테이토 도시락

Time schedule

- 1 매시 포테이토 만들기
- 1 아스파라거스와 옥수수알 볶기
- 1 당근 데쳐서 썰기
- 2 매시 포테이토에 메추리 알 얹기
- 4분
- 2 도시락통에 밥 담기
- 3 도시락통에 담기
- 2 도시락통에 담기

8분 완성!!

사용할 편의점식품은 이것!

훈제 메추리알과 매시 포테이토

재료

매시 포테이토 분말 ··· 1/2봉
훈제 메추리알 ··· 1개
뜨거운 물 ··· 150ml
우유 ··· 50ml

만드는 법

1 매시 포테이토는 분말에 분량의 뜨거운 물과 우유를 넣고 저어서 만든다. 훈제 메추리알을 반으로 자른다.
2 1의 매시 포테이토를 랩으로 싸서 둥글게 모양을 낸 후 1의 메추리알을 얹는다.
3 2를 도시락통에 담는다.

사진에서는 2개의 매시 포테이토를 사용했지만, 매시 포테이토 분말 1/2봉지로 약 6개의 매시 포테이토를 만들 수 있다. 분량은 조절해서 사용한다.

사용할 편의점식품

아스파라거스와 옥수수 볶음

재료

아스파라거스 ··· 2줄기
스위트 콘(통조림) ··· 약간
식용유 ··· 적당량
소금, 후추 ··· 약간씩

만드는 법

1 어슷썰기한 아스파라거스와 스위트 콘은 달군 프라이팬에 식용유를 두르고 볶아서 소금, 후추로 간을 한다.
2 1을 도시락통에 담는다.

삼색 야채밥

재료

밥 ··· 50g
당근, 단무지 ··· 약간
파슬리(다진 것) ··· 약간

만드는 법

1 당근을 살짝 데쳐서 삼각형으로 나박썰기한다. 단무지는 작게 깍둑썰기한다.
2 도시락통에 담은 밥 위에 1의 당근과 단무지를 얹고 파슬리를 뿌린다.

10분 이내에 쉽게 만들려면…

매시 포테이토 분말을 사용한다

생감자로 매시 포테이토를 만드는 것은 손이 많이 가지만 최근에는 뜨거운 물과 우유를 이용하여 만드는 매시 포테이토 분말을 수입상가나 마트 등에서 구할 수 있으므로 잘 활용하면 시간을 단축할 수 있다.

편의점식품으로

햄으로 장미를 만들어 화려하게 장식하는

장미 햄 도시락

7분

사용할 편의점식품

슬라이스 햄

장미 햄

재료

슬라이스 햄 ································ 2장
양상추 ································ 적당량

만드는 법

1 슬라이스 햄을 반으로 접어 끝에서부터 말아서 장미 모양을 만들고 꼬치로 고정한다.(자세한 만드는 법은 71쪽 참조)

2 양상추를 깔고 1을 도시락통에 담는다.

헬시 스파게티

재료

스파게티 ································ 30g
피망, 홍피망 ································ 약간
소금, 후추 ································ 약간

만드는 법

1 스파게티를 데친다. 피망과 홍피망을 채썬다.

2 1의 스파게티와 피망, 홍피망을 프라이팬에서 볶아 소금과 후추로 간한다.

3 2를 도시락통에 담는다.

치즈 맛살어묵

재료

치즈 소시지 ································ 1/2개
게맛살 ································ 1개
구멍 뚫린 어묵 ································ 1/2개

만드는 법

1 구멍 뚫린 어묵 속에 치즈 소시지와 게맛살을 각각 채운다.

2 1을 스파게티 옆에 곁들인다.

Time schedule

1 스파게티 데치고 피망 자르기
1 어묵에 치즈 소시지와 게맛살 채우기
2 스파게티 볶기
1 햄으로 장미모양 만들기
3 도시락통에 스파게티 담기
2 도시락통에 어묵 담기
2 도시락통에 햄 담기

4분

7분 완성!!

10분 이내에 쉽게 만들려면…

만들기 쉽지만 화려해 보이는 장미햄

슬라이스 햄을 약간만 연구하면 도시락을 화려하게 장식할 수 있다. 장미모양 햄은 만드는 법은 간단하지만 다 만들어 놓으면 화려해 보인다. 도시락이 왠지 허전할 때 활용한다.

10분

편의점식품으로

넉넉한 양으로 배불리 먹는

콘카레 그라탕 도시락

사용할 편의점식품

레토르트 카레

콘카레 그라탕

재료

카레(레토르트) ······ 20g
스위트 콘(통조림) ······ 약간
슬라이스 치즈 ······ 1/2장

만드는 법

1 끓는 물에 카레를 봉지째로 넣어 데운다.
2 1을 두꺼운 호일 컵에 옮겨 담고 스위트 콘과 슬라이스 치즈를 얹어서 오븐 토스터에 치즈가 녹을 정도로 가열한다.
3 2를 도시락통에 담는다.

컬러풀밥

재료

밥 ······ 60g
연어 맛가루 ······ 약간
깍지콩(냉동) ······ 1깍지

만드는 법

1 밥을 도시락통에 담는다.
2 1의 밥 위에 연어 맛가루를 뿌리고, 깍지콩을 전자레인지에서 가열하여 깍지에서 꺼낸 콩을 그 위에 얹는다.

소고기볶음

재료

양파 ······ 10g
소고기(불고기 용) ······ 20g
식용유 ······ 적당량
소금, 후추 ······ 약간씩

만드는 법

1 양파는 채 썬다.
2 1의 양파와 소고기를 식용유를 두른 프라이팬에서 볶은 후 소금과 후추로 간을 한다.
3 2의 도시락통에 담는다.

메추리알 딸기

재료

메추리알 ······ 1개
식용색소 ······ 적당량
검은깨 ······ 약간
파슬리 ······ 약간
양상추 ······ 적당량

만드는 법

1 식용색소로 메추리알을 물들인다.
2 1에 검은깨와 파슬리를 뿌려서 딸기처럼 만든다.
3 양상추를 깔고 2를 도시락통에 담는다.

상하기 쉬운 식재료 대책법

향신료가 도시락을 지켜준다

카레 등의 향신료가 들어간 요리는 잘 상하지 않으므로 도시락에 적합하다. 단, 카레는 수분이 많아서 그대로 싸주는 것은 어려우므로 그라탕 등으로 만들어 수분을 줄이는 게 좋다.

Time schedule

5분

- 1 메추리알 물들이기
- 1 카레 데우기
- 1 양파 썰기
- 2 그라탕 데우기
- 2 소고기 볶기
- 1 도시락통에 밥 담기
- 2 연어맛가루와 깍지콩 뿌리기
- 2 메추리알을 딸기 모양으로 만들기
- 3 도시락통에 소고기볶음 담기
- 3 도시락통에 그라탕 담기
- 3 도시락통에 메추리알 담기

10분 완성!!

6분

편의점식품으로

정어리 통조림도 밥도 한입 크기로 모아모아서!

정어리 주먹밥 도시락

사용할 편의점식품

조미 정어리 통조림

조미 정어리

재료

조미 정어리 통조림 ········ 1마리
양배추 ········ 1장

만드는 법

1 정어리는 캔에서 꺼내어 물기를 제거한다. 양배추는 잘게 찢어서 프라이팬에서 볶는다.
2 1의 정어리를 두 토막으로 자른다.
3 1의 양배추를 도시락통에 담고 2의 정어리를 위에 얹는다.

김말이 주먹밥

재료

밥 ········ 40g
구운 김 ········ 적당량
깍지콩(냉동) ········ 2깍지
계란과 연어 맛가루 ········ 1/2봉

만드는 법

1 밥을 20g씩 나누어서 원기둥 모양으로 뭉친다. 김은 밥을 한바퀴 돌려 쌀 수 있을 만큼 길고 가늘게 자른다. 깍지콩은 전자레인지에서 가열한다.
2 1의 밥에 계란과 연어 맛가루를 뿌리고, 김을 만다. 깍지콩을 깍지에서 꺼내어 꼬치에 2개씩 꽂는다.
3 2의 밥을 도시락통에 담는다.

검은깨 어묵

재료

어묵(구멍 뚫린 것) ········ 1개
검은깨 ········ 약간
식용유 ········ 적당량

만드는 법

1 어묵을 비스듬하게 썬다.
2 1의 어묵을 달군 프라이팬에 식용유를 두르고 볶는다.
3 2의 어묵에 검은깨를 뿌리고 도시락통에 담는다.

도시락 담는 요령

깍지콩은 꼬치에 꽂아서 담는다.

깍지콩은 그대로 도시락통에 넣지 말고 꼬치에 꽂아서 도시락통에 넣는다. 또한 꼬치도 동물모양이 끝에 달려 있는 것 등을 사용하면 보기에도 좋고 귀여운 모양을 만들 수 있다.

Time schedule

- 1 어묵 자르기
- 1 양배추 볶기
- 1 밥 뭉치기
- 2 어묵 볶기
- 2 정어리 자르기
- 2 김으로 밥 말기
- 3분
- 3 정어리 도시락통에 담기
- 3 어묵 도시락통에 담기
- 3 주먹밥 도시락통에 담기
- 6분 완성!!

10분

편의점식품으로

노란 식재료가 화려하게 도시락을 장식하는

스위트 콘과 치즈밥 도시락

사용할 편의점식품

스위트 콘

스틱 치즈

스위트 콘과 치즈밥

재료

스틱 치즈 ······ 5g
오이 ······ 1/3개
밥 ······ 50g
스위트 콘 ······ 5~6알
파슬리 ······ 적당량
폰즈 ······ 약간

만드는 법

1 스틱 치즈는 작게 자른다. 오이는 밀대나 병 등으로 두들겨 큼직하게 자른다.
2 밥을 도시락통에 담고 한 김 식으면 1의 스위트 콘과 스틱 치즈, 잘게 썬 파슬리를 밥 위에 뿌린다.
3 1의 오이는 주름컵에 담아 초간장을 뿌린 후 도시락통에 담는다.

단호박 마요네즈 버무림

재료

단호박 ······ 30g
건포도 ······ 5~8개
마요네즈 ······ 1/2t

만드는 법

1 단호박은 작게 깍둑썰기한다.
2 1의 단호박을 내열그릇에 옮겨 담고 뚜껑을 씌워 전자레인지에서 1분 정도 데워서 부드럽게 만든다.
3 2가 부드러워지면 건포도와 마요네즈를 버무려서 도시락통에 담는다.

파인애플 소시지

재료

비엔나 소시지 ······ (작은 것) 2개
식용유 ······ 적당량
파슬리 ······ 적당량

만드는 법

1 비엔나 소시지는 파인애플 모양으로 칼집을 낸다(69쪽 참조).
2 달군 프라이팬에 식용유를 두르고 비엔나 소시지를 볶는다.
3 한 김 식으면 파슬리를 꽂아서 도시락통에 담는다.

계란보쌈

재료

계란 ······ 1/2개
설탕 ······ 1/2t
소금 ······ 약간
검은깨 ······ 약간

만드는 법

1 계란은 설탕과 소금을 뿌려서 잘 섞는다.
2 달군 프라이팬에 식용유를 두르고 1의 계란을 저어가며 익힌 후 종이타월 위에 놓고 열을 식힌다.
3 계란이 따뜻할 정도로 열이 식으면 랩으로 보자기처럼 싸서 보쌈모양으로 만든다.
4 3이 식으면, 랩을 벗기고 검은깨를 뿌려 도시락통에 담는다.

10분 이내에 쉽게 만들려면…

초간장은 너무 많이 뿌리지 않는다

오이에 초간장을 약간만 뿌리면 장시간 놔두어도 쉬지 않는다. 또한 단호박은 통째로는 열이 잘 통과하지 않으므로 잘게 잘라 전자레인지에서 데우면 조리시간을 단축할 수 있다.

Time schedule

1 단호박 썰기
1 스틱 치즈 썰기
1 비엔나 소시지 자르기
2 단호박 가열하기
5분
1 계란 섞기
2 계란 볶기
2 비엔나 소시지 볶기
2 도시락통에 밥 담기
3 계란으로 보쌈모양 만들기
3 비엔나 소시지 담기
3 단호박 담기
4 계란 담기
3 오이 담기
10분 완성!!

남은 음식으로

한끼 식사로 든든한

불고기 도시락

10분

Time schedule

1 피망 썰기

1 불고기 데우기

2 프라이 만들기

2 도시락통에 밥 담기

5분

3 불고기 담기

3 프라이를 불고기 위에 얹기

10분 완성!!

사용할 남은 음식은 이것!

불고기

불고기

재료

불고기	50g
두부	40g
김(1cm×5cm)	2장
밥	80g
키위	2토막
딸기	1개

만드는 법

1 불고기와 두부를 전자레인지에서 데운다. 두부를 20g씩 나누어 김 2장에 각각 만다.

2 도시락통에 밥을 먼저 담고, Ⓐ를 밥 위에 얹는다.

3 김으로 만 두부와 키위 및 딸기를 곁들인다.

피망 메추리알 프라이

재료

피망(청, 홍)	5mm×1장
메추리알	2개
식용유	적당량

만드는 법

1 청피망과 홍피망을 5mm 두께의 고리모양으로 자른다.

2 1에 메추리알을 깨뜨려 넣고 식용유를 두른 프라이팬에서 굽는다.

3 2를 불고기 위에 얹는다.

10분 이내에 쉽게 만들려면…

메추리알을 익히면서 불고기를 데운다.

메추리알을 굽는 동안 불고기를 데우면 시간을 절약할 수 있다. 밥을 담고 그 위에 데운 불고기와 피망, 메추리알 프라이, 과일 순으로 도시락통을 채운다.

남은 음식으로

남은 고등어구이도 도시락으로 대변신!

고등어 자반 도시락

Time schedule

1 토마토 썰기
1 새우 썰기
1 고등어 찢기
2 고등어를 볶아서 도시락통에 담기
5분
2 브로콜리 데치기
2 새우 볶기
3 밥을 넣어 볶기
4 도시락통에 밥 담기
3 도시락통에 토마토 담기
10분 완성!!

10분 이내에 쉽게 만들려면…

냉동식품을 조금씩 사용한다

고등어구이는 남은 것을 이용한다. 그 밖에도 완두콩이나 새우, 브로콜리 등은 냉동식품을 이용하면 손쉽게 조리할 수 있을 뿐만 아니라 적은 양으로 나누어서 사용할 수 있어서 아주 편리하다.

10분

사용할 남은 음식

고등어 자반구이

고등어자반 구이

재료

고등어자반 ········ 30g
콩나물 ········ 10g
식용유 ········ 적당량
카레가루 ········ 약간

만드는 법

1 고등어자반을 듬성듬성 찢는다.
2 1의 고등어와 콩나물을 달군 프라이팬에 식용유를 둘러 볶는다. 카레가루를 넣고 조금 더 볶는다.
3 2를 도시락통에 담는다.

방울토마토 감자 샐러드

재료

방울토마토(빨강, 노랑) ········ 각 1개
감자 샐러드 ········ 30g
브로콜리(냉동) ········ 1개

만드는 법

1 노랑 · 빨강 방울토마토를 반으로 가른다.
2 1의 방울토마토의 속을 파내어 감자 샐러드를 채운다. 냉동 브로콜리를 끓는 물에 소금을 약간 넣고 데친다.
3 2의 방울토마토와 브로콜리를 도시락통에 담는다.

새우 케첩 볶음밥

재료

밥 ········ 80g
냉동새우 ········ 5마리
버터 ········ 약간
케첩 ········ 2T
완두콩(냉동) ········ 6개
소금 ········ 약간

만드는 법

1 새우는 반으로 가른다.
2 1의 새우를 버터로 볶고 케첩을 넣어 가볍게 좀 더 볶는다.
3 2에 밥과 완두콩을 넣어 볶고, 소금으로 간을 한다.
4 3을 도시락통에 담는다.

남은 음식으로

하트 모양 파스타가 화려하게 돋보이는

하트 파스타 도시락

10분

10분 이내에 쉽게 만들려면…

야채는 냉동 식품을 이용한다

단호박이나 아스파라거스, 브로콜리 등 야채는 냉동식품을 이용해서 데치는 시간을 단축할 수 있다. 또한 파스타는 전날 미리 데쳐 두면 바로 조리할 수 있다.

사용할 남은 음식

미트 소스

미트소스 하트 파스타

재료

- 파스타 ········· 50g
- 미트소스 ········· 4T
- 토마토(저민 것) ········· 2토막
- 피자 치즈 ········· 한줌

만드는 법

1 파스타를 데친다.(전날 데쳐 두어도 됨) 토마토는 얇게 저며 둔다.

2 알루미늄 컵에 파스타를 담고 미트소스와 토마토 및 피자 치즈 순으로 얹은 후, 오븐이나 토스터에서 치즈가 녹을 정도로 굽는다.

영양만점 야채

재료

- 브로콜리(냉동) ········· 1개
- 아스파라거스(냉동) ········· 1개
- 영콘(냉동) ········· 2개
- 당근(냉동) ········· 1개
- 소금 ········· 약간

만드는 법

1 브로콜리, 아스파라거스, 영콘, 당근은 끓는 물에 소금을 넣고 데친다.

2 1을 도시락통에 담는다.

단호박 보쌈

재료

- 단호박(냉동) ········· 한 토막
- 설탕 ········· 약간

만드는 법

1 단호박은 전자레인지에서 3분 동안 가열한다.

2 1의 단호박에 설탕을 뿌려 으깬 다음 랩으로 싸서 보쌈 모양으로 조인다.

3 단호박을 싼 랩을 벗기고 도시락통에 담는다.

Time schedule

5분

1 파스타 데치고 / 토마토 썰기 → 1 단호박 익히기 → 1 야채 데치기 → 2 파스타 굽기 → 2 단호박 뭉치기 → 3 단호박 담기 → 2 야채 담기 → 10분 완성!!

남은 음식으로 아이디어를 가득 모은 서양식 도시락

닭튀김 머핀 도시락

10분

사용할 남은 음식

닭튀김

닭튀김 머핀

재료

- 머핀 ··· 1장
- 계란 ··· 1/2개
- 피망 ··· 1/2개
- 닭튀김(뼈 없는 것) ··· 3토막
- 슬라이스 피자 치즈 ··· 1장

만드는 법

1 머핀의 바닥은 남겨 두고 가운데를 판다. 계란은 푼다. 피망은 얇게 고리 모양으로 썬다.

2 1의 머핀에 닭튀김을 넣고 계란을 부은 다음, 치즈와 1의 피망을 얹어 토스터에서 치즈가 녹을 때까지 굽는다.

3 머핀을 봉투에 담는다.

빙글빙글 새우와 토끼 사과

재료

- 사과 ··· 1/2개
- 소금 ··· 약간
- 물 ··· 적당량
- 냉동 새우 ··· 3마리
- 계란 ··· 1/2개
- 식용유 또는 올리브 오일 ··· 적당량
- 감자(냉동) ··· 3개
- 양상추 ··· 적당량

만드는 법

1 사과는 껍질째 3~4등분으로 잘라서, 가운데쯤에 V자형으로 칼집을 내어 앞쪽은 껍질을 남기고 뒤쪽만 벗겨서 토끼모양으로 만든다. 그리고 소금물에 즉시 담가 놓는다.

2 새우는 계란을 묻혀 식용유 또는 올리브 오일을 두른 프라이팬에 감자와 함께 굽는다.

3 양상추를 깔고 1의 사과와 2의 새우, 감자를 도시락통에 담는다.

Time schedule

- 1 머핀, 피망 자르기
- 1 사과 자르기
- 2 토스터에서 데우기
- 2 프라이팬에서 굽기
- 3 봉투에 넣기
- 3 도시락통에 담기

5분

10분 완성!!

상하기 쉬운 식재료 대책법

사과는 소금물에 담근다

사과는 썰어서 곧바로 소금물에 담그면 변색을 방지할 수 있다. 계란은 머핀용과 새우용으로 1/2개씩 사용하므로 한 개의 계란으로 두 종류의 요리를 할 수 있어서 경제적이다.

남은 음식으로

양이 많아서 든든한

새우튀김빵 도시락

10분

Time schedule

- 1 피망, 딤섬 자르기
- 1 새우튀김빵 굽기
- 1 당근 데치기
- 2 피망 굽기
- 5분
- 2 도시락통에 당근 담기
- 2 도시락통에 새우튀김빵 담기
- 3 도시락통에 피망 담기

10분 완성!!

10분 이내에 쉽게 만들려면…

토스터를 2번 사용할 때는 기다리는 시간에 다른 요리를

토스터를 2번 사용하므로 첫 번째와 두 번째 사이에 다른 조리를 하면 기다리는 시간 없이 빠르게 조리할 수 있다.

사용할 남은 음식

새우튀김

새우튀김빵

재료

- 새우튀김 …… 2마리
- 식빵(샌드위치용) …… 2장
- 양상추 …… 적당량

만드는 법

1 새우튀김을 빵에 싸서 알루미늄 호일로 만 다음 토스터에서 5분 동안 굽는다.

2 양상추를 깔고 1을 도시락통에 담는다.

딤섬 채운 피망

재료

- 피망 …… 1/2개
- 딤섬 …… 1/4개
- 케첩 …… 약간
- 흰살어묵 …… 1장

만드는 법

1 피망은 세로로 반을 갈라 씨를 빼낸다. 딤섬은 1개를 1/4로 자른다.

2 1의 피망에 1의 딤섬을 채워 넣고, 케첩을 뿌려 어묵과 함께 토스터에서 굽는다.

3 2를 도시락통에 채운다.

파슬리를 곁들인 당근

재료

- 미니 당근 …… 1개
- 파슬리 …… 1개
- 큐브치즈 …… 2개

만드는 법

1 미니 당근을 데친다.

2 1당근을 도시락통에 담은 다음 당근 끝에 파슬리를 꽂고, 큐브치즈를 곁들인다.

남은 음식으로

예쁜 색상에
영양균형까지 생각한

래디시 삼색 도시락

Time schedule

1 시금치 데치기

2 재료 부수기

3 도시락통에 담기

4 시금치와 래디시로 장식하기

4분

8분 완성!!

8분

10분 이내에 쉽게 만들려면…

남은 음식이라도 조금만 손질하면 다르게 보인다

이 도시락에서는 3종류의 잔반을 이용하였다. 남은 음식이라도 그냥 채워 넣는 것이 아니라 이렇게 조금만 손을 보면 다른 모습으로 재탄생한다. 게다가 조리시간과 수고까지 덜어 준다.

래디시 삼색도시락

재료

시금치 ··· 적당량
연어구이 ··· $^{1}/_{2}$토막
작은 햄버거 ··· 1개
계란말이 ··· 20g
밥 ··· 90g
래디시(얇게 썬 것) ··· 1장

만드는 법

1 시금치는 살짝 데친다.

2 연어는 2분, 햄버거는 1분, 계란은 30초씩 각각 전자레인지에서 가열하여 손으로 부순다.

3 도시락통에 밥을 담고, 2의 재료를 각각 나누어 밥 위에 얹는다.

4 1의 시금치로 잎과 줄기, 래디시로 꽃처럼 장식한다.

사용할 남은 음식들

연어구이

계란말이

햄버거

다양한 종류!

도시락으로 활용하는

냉동식품

냉동식품은 바쁜 엄마의 든든한 재료이다. 최근에는 종류도 다양하게 나오고 전자레인지에서 데우지 않고도 도시락에 그대로 넣어서 자연 해동되게끔 한 것도 있어서 편리하다.

메인반찬이 되는 식품

치킨 너겟

아이들이 먹기 쉬운 알맞은 크기의 치킨. 소풍이나 피크닉 등에서 환영받는 아이템이다. 1개당 40초~50초 정도 전자레인지에서 데우기만 하면 OK.

춘권

겉은 바삭바삭, 안은 달짝지근한 춘권은 아이들이 아주 좋아하는 요리이다. 1개당 50초~1분 정도 전자레인지에서 데운다.

닭튀김

도시락 반찬으로도 그만인 닭튀김. 튀김도 전자레인지에서 데우기만 하면 되므로 간단하다. 1개당 40초~50초 정도 데우기만 하면 끝!

새우튀김

아이들이 무척 좋아하는 새우튀김. 보통 새우튀김보다 약간 작은 것이 먹기 쉽다. 1개당 20초 정도 전자레인지에서 데우기만 하면 OK.

생선튀김

타르타르 소스가 속에 들어간 흰살생선튀김은 따로 소스를 뿌릴 필요가 없어서 깔끔하다. 1개당 전자레인지에서 30초 정도 데운다.

새우와 치즈 그라탕

조금씩 주름컵에 담겨 있어서 그대로 전자레인지에서 1분~1분 30초 정도 데우기만 하면 된다. 바쁜 엄마에게 도움이 되는 아이템.

롤가스

고기와 야채가 들어간 가스. 전자레인지에서 1개당 30초 정도 데우기만 하면 된다. 소스가 발라져 있어서 도시락통에 그대로 담기만 하면 끝.

명태알 & 포테이토

아이들이 좋아하는 감자튀김에 명태알 소스가 뿌려진 일품. 전자레인지에서 50초 정도 데우기만 하면 OK!

미니 햄버거

도시락 반찬의 대명사, 햄버거. 먹기 좋은 한입 크기로 되어 있다. 전자레인지에서 1개당 50초~1분 정도 데우면 된다.

쉬는 날 만들어 두면 바쁜 평일에도 문제 없다

주말 재료손질로 초고속 레시피

시금치

냉동고에서 보관할 경우는 랩으로 싸서 보관한다. 자연해동하여 조리한다.

냉장 2-3일

냉동 1개월

기본테크닉

보관할 때에는 물기를 확실히 뺀다.

시금치는 사용하기 쉬운 크기로 잘라서 보관용기에 담아 보관한다. 이 때 물기를 잘 뺀 후에 담도록 한다.

찬물로 충분히 식힌 후 사용한다

1 **데쳐서 3등분으로 자른다**

5~6분 정도 데쳐서 식으면 3등분한다.

2 **보관용기에 담는다**

3등분으로 잘라서 보관용기에 담는다.

아이들이 좋아하는 반찬이 가득

볼륨 만점 도시락

5분

도시락 구성

우엉무침	20g
참치회 구이 (참치회 20g을 간장 $1/2$T, 식초 약간, 맛술 약간으로 밑간해서 프라이팬에 굽는다)	20g
피망(고리 모양으로 저며 데친 것)	2개
닭튀김 (만드는 법은 45쪽 참조)	1개
명란젓 구이	5g
토끼모양 김	1장
검은깨	약간

＋

베이컨 볶음

재료

시금치(냉동)	30g
베이컨	1장
버터	적당량

만드는 법

1 시금치는 물기를 짜고 베이컨은 2mm 폭으로 썬다.

2 1의 시금치와 베이컨을 버터에 볶는다.

시금치 검은깨무침

재료

시금치(냉동) ···· 40g

Ⓐ
- 깨소금(검은깨) ···· 1T
- 설탕 ···· 1/2T
- 간장 ···· 1/2T

만드는 법

1 Ⓐ를 그릇에 담고 섞는다. 시금치는 자연 해동시켜 물기를 충분히 뺀다.

2 섞어 놓은 Ⓐ를 1의 시금치와 함께 버무린다.

시금치 구이

재료

시금치(냉동) ···· 30g

마요네즈 ···· 2t

메추리알 ···· 1개

만드는 법

1 시금치는 자연 해동시켜서 물기를 충분히 제거한다.

2 물기를 제거한 시금치에 마요네즈를 넣어 버무린다.

3 2를 알루미늄 컵에 담고 메추리알을 위에 깨트린 후, 오븐토스터에서 메추리알이 반쯤 익을 만큼 굽는다.

시금치 잔멸치볶음

재료

시금치(냉동) ···· 40g

참기름 ···· 약간

잔멸치 ···· 1T

만드는 법

1 시금치는 자연 해동시켜서 물기를 충분히 뺀다.

2 달군 프라이팬에 참기름을 두르고 1의 시금치와 잔멸치를 함께 볶는다.

닭고기

냉장 3일

냉동 2주일

도시락에서 빼놓을 수 없는 아이템 닭고기. 간을 해 놓으면 그대로 쓸 수 있어 편리하다.

손으로 조물조물 주물러서 밑간을 한다

식초와 간장 넣기

닭고기를 한입 크기로 잘라서 얇게 저비고 식초와 간장을 적당량 붓는다.

손으로 주물러서 간이 배게 한다.

1을 손으로 조물조물 주물러서 밑간을 한다.

기본테크닉

식초와 간장에 재워서 부패를 막는다

닭고기는 쉽게 부패할 수 있으므로 그대로 보관하지 말고 한번 재워서 보관한다. 또한 냉동할 때에는 작게 잘라서 보관하도록 한다.

맛있는 치즈와 닭고기로 만드는

오곡밥과 치즈구이 도시락

도시락 구성

오곡밥 ··· 60g
새우 케첩볶음 ··· 3개
(케첩 1T과 새우를 프라이팬에서 볶는다)
계란말이 ··· 한 토막
브로콜리(데친 것) ··· 1개
고등어 자반구이 ··· 20g

+

치즈구이

재료

닭고기 ··· 2개
가루치즈 ··· 1T

만드는 법

1 닭고기에 가루치즈를 뿌린 다음 토스터에서 3분 정도 굽는다.

닭튀김

재료

닭고기 ········· 200g
밀가루 ········· 적당량

만드는 법

1 닭고기에 밀가루를 묻혀 기름에 튀겨낸다. 또는 넉넉한 기름에 구워도 된다.

닭꼬치

재료

닭고기 ········· 30g
파(흰부분) ········· 3cm×2개
식용유 ········· 적당량

만드는 법

1 꼬치에 닭고기와 파를 교대로 끼운다.

2 닭고기를 재울 때 이용했던 양념을 1에 뿌려서 식용유를 두른 프라이팬에서 양념을 계속 발라 가며 굽는다.

빵가루 구이

재료

닭고기 ········· 30g
빵가루 ········· 적당량
식용유 ········· 적당량

만드는 법

1 닭고기에 빵가루를 묻혀서 프라이팬에 기름을 넉넉히 두르고 닭고기가 익을 때까지 노릇하게 굽는다.

연어

냉장 4-5일

냉동 3주일

냉동기간이 길어서 반찬으로도 좋다. 소금을 뿌려 두면 바로 조리할 수 있다.

기본테크닉

탈수 시트에 감싸서 보관

연어는 소금을 약간 뿌려서 보관한다. 이 때 연어에서 수분이 빠지면 맛이 떨어지므로 보관할 때에는 종이타월이나 탈수 시트로 감싼 후 용기에 담는다.

가볍게 소금을 뿌리기만 하면 OK

1 둘로 자른다.

연어 토막을 둘로 자른다. 연어에 소금을 약간 뿌린다.

2 소금을 뿌려서 담는다.

탈수 시트로 연어를 감싼 후 보관용기에 담는다(간이 되어 있는 연어는 소금을 뿌리지 않고 담는다).

귀여운 곰돌이 도시락에 연어구이 한 토막

곰돌이 도시락

7분

도시락 구성

양배추 버터구이
(양배추 30g을 잘게 찢어 버터 5g으로 볶은 것)
돼지고기 계란말이
(계란지단을 사방 5cm로 자르고 소금·후추를 약간 뿌려 저민돼지고기 20g을 말아 프라이팬에서 구운 것)

마요네즈	적당량
레몬	약간
밥	80g
맛가루	1봉
비엔나 소시지	약간
생강	약간

+

연어 구이

재료

연어	1토막
밀가루	약간
식용유	1/2T

만드는 법

1 연어에 밀가루를 묻힌다.

2 1의 연어를 달군 프라이팬에 식용유를 두르고 굽는다.

연어 깨구이

재료

연어 ········· 1/2토막
식용유 ········· 적당량
깨 ········· 적당량

만드는 법

1 연어에 깨를 묻힌다.
2 달군 프라이팬에 식용유를 두르고 연어를 앞뒤 골고루 굽는다.

연어 소금구이

재료

연어 ········· 1/2토막
식용유 ········· 적당량

만드는 법

1 달군 프라이팬에 식용유를 두르고 연어를 굽는다.

연어 소보로

재료

연어 ········· 1/2토막
식용유 ········· 적당량

만드는 법

1 달군 프라이팬에 식용유를 두르고 연어를 굽는다.
2 1의 연어가 한김 식으면 잘게 부순다.

양배추

도시락을 쌀 때 반찬의 밑에 많이 까는 양배추도 반찬으로 만들어 두면 잘 이용할 수 있다.

냉장 2일

냉동 적합치 않음

기본테크닉

사용하기 쉽게 잘라 둔다

양배추는 냉동에는 부적합하지만, 냉장보관은 가능하다. 조리하기 쉬운 크기로 자르거나 한 장씩 겹쳐서 보관용기에 담아 두면 조리시간을 훨씬 단축할 수 있다.

보관용기에 한장씩 겹쳐 담아 보관

뜨거운 물에 데치고 체에 받친다

양배추의 심을 파 낸다. 냄비에 뜨거운 물을 끓여서 양배추를 넣은 다음, 그 속에서 한 장씩 벗겨낸다. 양배추를 체에 담아 물기를 뺀다.

소금을 뿌려 보관한다

1의 양배추에 소금을 조금 뿌려서 보관용기에 담아 보관한다.

도시락통에 들어갈 크기로 싼다

양배추쌈 도시락

10분

도시락 구성

메추리알 장조림(시판품) ··· 2개
(각각 1/2로 자른다)
김 ··· 적당량
밥 ··· 80g
방울토마토 ··· 2개
(양배추쌈을 익힐 때 같이 익힌다)

+

양배추쌈

재료

양배추잎(작은 것) ··· 2장

Ⓐ
- 돈육 ··· 50g
- 빵가루 ··· 10g
- 우유 ··· 15ml
- 소금, 후추 ··· 약간씩

Ⓑ
- 물 ··· 200ml
- 고형 브이욘 ··· 1/2개
- 토마토 케첩 ··· 2T

만드는 법

1 Ⓐ를 그릇에 담아 잘 섞은 다음 양배추잎 2장으로 각각 싼다.

2 냄비에 Ⓑ를 넣고 끓인 다음 1을 넣고 중불로 10분 동안 익힌다.

양배추 햄말이 샐러드

재료

양배추잎 ………… 1장
프렌치 드레싱(시판품) ………… 약간
로스햄 ………… 2장

만드는 법

1 양배추잎을 큰 것은 반으로 자르고, 작은 것은 그대로 심을 파서 사용한다.

2 1의 양배추에 프렌치 드레싱을 바르고, 로스햄을 끼워 말아서 적당한 크기로 썬다.

계란 양배추 버무림

재료

양배추잎(큰 것) ………… 1장
국수장국 ………… 2T
계란 푼 것 ………… 1/2개

만드는 법

1 양배추를 3~4cm 폭으로 썬다.

2 1을 냄비에 넣고 국수장국을 뿌려 익힌다.

3 2가 익으면 계란 푼 것을 넣고 냄비에 뚜껑을 덮은 만큼 불을 끈 상태에서 2~3분 동안 그대로 둔다.

양배추 토마토 숙채

재료

양배추잎(큰 것) ………… 1장
중간 크기의 토마토 ………… 1/2개
물 ………… 2T
소금, 후추 ………… 적당량

만드는 법

1 양배추는 먹기 좋은 크기로 자르고, 토마토는 큼직하게 썬다.

2 1의 양배추와 토마토를 냄비에 넣고 물을 부어 소금과 후추를 뿌려서 5분 정도 익힌다.

유부

냉장 3일

냉동 1개월

유부는 유부초밥을 만들거나 도시락 반찬으로 이용하기 좋은 재료이다.

기본테크닉

기름을 빼고 밑간을 해서 보관한다

유부는 기름기를 빼야 기 때문에 손이 가는 재료지만, 휴일을 이용해서 기름기를 빼고 밑간을 해 두면 도시락 쌀 때 바로 이용할 수 있어서 편리하다.

간장과 설탕으로 밑간을 한다

1 **뜨거운물로 기름기를 뺀다**

유부초밥용 유부 5장을 각각 둘로 잘라 주머니 모양으로 만들어서 뜨거운 물에 담가 기름기를 제거한다. 냄비에 200ml의 물을 붓고 기름을 뺀 유부와 설탕 2.5T, 간장 2T를 함께 넣어 익힌다.

2 **익혀서 밑간을 한다**

다 익으면 보관용기에 옮겨 담아 보관한다. 냉동할 경우는 조금씩 나누어서.

한 손에 딱!

유부초밥 도시락

10분

도시락 구성

연어 깨구이
(연어 1/2토막에 참깨를 뿌려 굽는다)
닭가슴살 피망구이
(닭가슴살 1장을 얇게 저미고 채 친 피망을 돌돌 말아 소금을 뿌려서 랩으로 싼 후 직화로 굽는다)
어묵 계란김말이
(얇게 저민 어묵 4장, 김 2cm폭×10cm×1장, 김과 같은 크기의 계란지단 1장을 함께 만다)
당근 샐러드
(채칼로 얇게 썬 당근 20g을 살짝 데쳐서 시판 드레싱으로 버무린다)

+

유부초밥

재료

밥 ········· 20g

조미 유부피 ········· 30g

만드는 법

1 밥을 뭉친다.

2 유부피 속에 1의 밥을 넣는다.

유부 시금치말이

재료
유부 ········· 1장
시금치 ········· 20g

만드는 법
1 레인지에서 1~2분 정도 가열한 유부를 평평하게 펼치고 데쳐서 짠 시금치를 넣고 만다.

유부속 계란반숙

재료
유부 ········· 1장
계란 ········· 1개
국수장국 ········· 50ml
물 ········· 100ml

만드는 법
1 유부 속에 계란을 깨뜨려 넣고 입구를 졸라매듯이 마감한다.
2 국수장국을 푼 물을 냄비에 담고 1을 넣은 후 계란이 반숙이 될 때까지 익힌다.

유부 깍지콩 무침

재료
유부 ········· 1장
깍지콩 ········· 3줄기

만드는 법
1 채 썬 유부에 데쳐서 어슷썰기한 깍지콩을 섞어서 무친다.

우엉

냉장 2-3일

냉동 불가

물기를 제거하여 보관용기 등에 넣어 보관한다.

기본테크닉

데쳐서 보관하면 조리 시간도 단축된다

우엉은 데치거나 볶는 데 시간이 걸리지만, 미리 데쳐서 보관해 두면 바로 사용할 수 있다. 또 식초를 약간 뿌려 놓으면 잘 상하지 않는다.

식초를 넣고 살짝 데친다

1 **얇게 어슷썰어서 데친다**

우엉을 얇게 어슷썰기해서 식초를 약간 푼 물에 살짝 데친 후 체에 받쳐 물기를 제거한다.

2 **물기를 빼고 보관한다**

1을 보관용기에 담아 보관한다.

야채와 계란, 우엉으로 만든 영양만점 도시락

계란 김말이 도시락

8분

도시락 구성

오크라 볶음
(오크라 2 줄기를 1cm로 잘라 식용유를 두른 프라이팬에 볶은 것)
계란 김말이
계란구이 1cm × 15cm 1개, 밥 80g, 김 1/2장, 흰깨 1T)
방울토마토 ······ 1개
젤리(시판품) ······ 1개

+

우엉과 소고기 볶음

재료

우엉 ······ 30g
식용유 ······ 1t
소고기 ······ 10g
설탕 ······ 1t
간장 ······ 1t

만드는 법

1 프라이팬에 샐러드유를 두르고 우엉을 볶는다.
2 1에 소고기를 넣고 설탕과 간장을 넣어 볶는다.

우엉 튀김

재료

우엉 ···························· 30g
보리새우 ························ 20마리
밀가루 ·························· 2T
식용유 ·························· 적당량

만드는 법

1 그릇에 우엉과 보리새우를 넣고 섞는다.
2 1에 재료들이 엉겨 붙을 정도로 밀가루를 넣는다.
3 프라이팬에 식용유를 충분히 붓고 달구어서 2를 넣고 튀긴다.

우엉 샐러드

재료

우엉 ···························· 30g
소금 ···························· 약간
마요네즈 ························ 2T

만드는 법

1 그릇에 우엉과 소금, 마요네즈를 넣고 버무린다.

우엉 계란조림

재료

우엉 ···························· 30g
국수장국 ························ 30ml
계란 푼 것 ······················ 1/2개분

만드는 법

1 프라이팬에 우엉과 국수장국을 넣고 끓인다.
2 1에 계란 푼 것을 넣고 계란이 너무 잘게 나누어지지 않도록 듬성듬성 저어 가며 조린다.

소고기 다짐육

냉장 3일

냉동 1개월

육류는 그대로 두면 상하기 쉽지만, 냉동해서 보관하면 1개월은 보관이 가능하다.

포인트는 바로 랩을 씌워서 보관한다.

국수장국과 함께 익힌다

다짐육 200g을 냄비에 넣고 국수장국 100g을 잘박하게 부어 고기를 펼쳐 가면서 수분이 없어질 때까지 졸여서 식으면 보관용기에 담는다.

보관용기에 담는다

1의 위에 랩을 씌운다.

기본테크닉

간을 해서 바로 사용할 수 있도록!

다짐육은 간을 해서 보관해 놓으면 도시락 등의 반찬으로 폭넓게 이용할 수 있다.

영양의 균형을 생각한

라이스버거 도시락

10분

도시락 구성

담섬(시판품) ······ 2개
깍지콩(소금물에 데친 것) ······ 2개
치즈와 햄 라이스버거 ······ 1/2개
(밥 60g을 라이스버거 틀에서 모양을 만들고 속 재료는 슬라이스 치즈 1장과 로스햄 1장(햄은 깍지콩을 데칠 때에 함께 살짝 데쳐 둔다) 밥은 반으로 나누어 아래쪽 밥 위에 햄, 치즈, 검은깨 순서로 올려 놓고 나머지 반쪽 밥을 덮는다.

+

소고기 계란말이

재료

소고기 다짐육 ······ 3T
피망(청) ······ 적당량
피망(홍) ······ 적당량
계란 ······ 3개
식용유 ······ 적당량

만드는 법

1 피망을 각각 다져 둔다.

2 다짐육과 계란, 1의 피망을 섞어서 달군 프라이팬에 식용유를 두르고 계란말이로 굽는다.

소고기 토란조림

재료

토란 ··· 4개
다짐육 ··· 2T

만드는 법

1 냄비에 토란과 다짐육을 넣고 물을 자박자박하게 부어서 중불로 5분 동안 조린다.

치즈구이

재료

만두피 ··· 1장
다짐육 ··· 1t
피자 치즈 ··· 1/2장

만드는 법

1 만두피에 다짐육과 피자 치즈를 얹는다.
2 1을 토스터 중불(100℃ 정도)에서 3분 정도 굽는다.

소고기초밥

재료

다짐육 ··· 1T
밥 ··· 30g

만드는 법

1 다진 소고기는 전자레인지에 30초 정도 가열해서 랩 위에 올려놓아 평평하게 펼친다.
2 1 위에 밥을 얹어 꼭 싼다.

삼겹살

냉동하면 2주 정도 보관이 가능하다. 사용할 양을 생각해서 보관하도록 한다.

냉장 2일

냉동 3주일

기본테크닉

꺼내기 쉽게 작도록 나눈다

삼겹살을 한 장씩 작게 나누어 보관용기에 담아 두면 꺼내 쓰기에 편리하다. 또한 밑간을 해 두면 요리할 때마다 일일이 간을 할 필요가 없어서 빨리 조리할 수 있다.

조물조물 밑간을 해 둔다

1 맛술과 간장으로 밑간을 해 둔다

그릇에 삼겹살 100g을 넣고, 맛술 1T과 간장 1T을 첨가한다.

2 잘 주무른다

1을 조물조물 잘 주물러 1개씩 말아서 보관용기에 담는다.

6분

빙글빙글 말린 모양이 재미있는

돌돌말이 도시락

도시락 구성

- 소용돌이 모양 어묵(시판품) ············ 2토막
- 주먹밥 ································· 2개
  (밥 30g에 보리새우를 얹는다)
- 누에콩 ································· 5개
  (소금물에 데친 것)

파말이

재료

- 삼겹살 ································ 2장
- 실파 ···························· 5cm×6줄기
- 식용유 ······························ 적당량
- 물 ····································· 1T

만드는 법

1. 실파는 3줄기씩 삼겹살 한 장에 말아서 파말이 2개를 만든다.
2. 달군 프라이팬에 식용유를 두르고, 파말이의 마감 부분을 아래로 가게 해서 굽는다. 타기 쉬우므로 물을 묻혀 가면서 굽는다.

2분

돼지고기 피망볶음

재료

삼겹살 ········ 40g
피망(슬라이스) ········ 1/2개
식용유 ········ 적당량

만드는 법

1 삼겹살과 피망을 프라이팬에서 함께 볶는다.

돼지고기 감자조림

재료

감자 ········ 1/2개
양파 ········ 50g
삼겹살 ········ 50g
식용유 ········ 1/2T
Ⓐ 물 ········ 2T
Ⓐ 설탕, 간장 ········ 각 1T

만드는 법

1 감자의 껍질을 벗기고 1/4로 자른다. 양파는 슬라이스한다. 삼겹살은 2~3cm 길이로 자른다.
2 달군 프라이팬에 식용유를 붓고 1의 감자와 양파, 삼겹살을 넣고 볶는다.
3 2가 다 볶아지면 Ⓐ를 넣고 감자가 부드러워질 때까지 익힌다.

8분

3분

깨삼겹

재료

삼겹살 ········ 50g
검은깨 ········ 1t

만드는 법

1 냄비에 물을 넣고 끓인다. 끓는 물에 삼겹살을 2분 정도 익힌 후 체에 받쳐 물기를 빼고 검은깨를 위에 뿌린다.

손쉽고 간단히!

특별한 날에는 특별한 도시락으로!

나들이가 즐거워지는 도시락

15분

닭경단 · 새우와 애호박꼬치

재료

- 닭가슴살(간 것) ··· 30g
- 계란 푼 것 ··· 2T
- 소금, 후추 ··· 적당량씩
- 새우 ··· 2마리
- 애호박 ··· 1/4개
- 밀가루 ··· 적당량
- 빵가루 ··· 적당량
- 양상추 ··· 적당량

만드는 법

1 닭가슴살에 계란 푼 것을 넣고 소금과 후추를 첨가해서 잘 섞는다.

2 1을 둥글게 빚어 경단처럼 만들어서 한 번 데친다.

3 새우와 애호박을 꼬치에 꽂고, 밀가루, 계란 푼 것, 빵가루 순으로 묻혀서 2에서 만든 닭경단과 함께 식용유를 두른 프라이팬에서 구어 각각 도시락통에 담는다.

돼지고기 파말이

재료

- 쪽파 ··· 5cm×6줄기
- 돼지고기 ··· 2장
- 맛술 ··· 2t
- 간장 ··· 2t
- 식용유 ··· 적당량
- 물 ··· 약간
- 젤리 ··· 2개
- 포도 ··· 4알

만드는 법

1 쪽파를 맛술과 간장으로 밑간한 돼지고기로 만다.

2 달군 프라이팬에 식용유를 두르고 마무리 부분을 아래로 가게 해서 굽는다(타기 쉬우므로 물을 뿌려 가며 굽는다). 적당한 길이로 잘라서 도시락통에 담는다.

3 빈 곳에 젤리와 포도를 넣는다.

롤 샌드

재료

- 빵(샌드위치용) ··· 3장
- 슬라이스 치즈 ··· 1장
- 아스파라거스 ··· 2줄기
- 초콜릿 크림 ··· 2T
- 치즈 크림 ··· 2T
- 파슬리 ··· 적당량

만드는 법

1 슬라이스 치즈와 데친 아스파라거스를 빵으로 말아서 3등분으로 잘라 도시락통에 담는다.

2 빵에 초콜릿 크림과 치즈 크림을 각각 바르고 둥글게 말아서 10분 정도 둔 후에 3등분으로 잘라 도시락통에 담고 빈 곳에 파슬리로 장식한다.

상하기 쉬운 식재료 대책법

잘 상할 것 같은 양상추는 뜨거운 물로 헹군다

장식에 사용하는 양상추는 뜨거운 물로 한 번 데치면 잘 상하지 않는다. 또는 뜨거운 물에 데쳐도 맛있게 먹을 수 있는 양배추로 바꿔도 된다. 포도에도 설탕을 약간 뿌려두면 상하는 것을 방지할 수 있다.

나들이 도시락

즐거운 피크닉에는 좋아하는 반찬으로 기분도 날아갈 듯

귀여운 도시락으로
더욱 즐거운 운동회

운동회 도시락

10분

축구공 주먹밥

재료

밥 ········· 30g×3
축구공 모양 김 ········· 3장

만드는 법

1 밥을 둥글게 뭉친다.
2 김을 축구공 모양으로 잘라 밥에 붙여서 도시락통에 담는다.

도시락 담는 요령

담는 방법에 따라
도시락이 확 달라진다

파슬리 등 색깔이 선명한 재료를 장식에 사용하고, 도시락 전체의 이미지가 화려해지도록 한다. 주먹밥은 축구공 모양의 김 크기에 맞춰 뭉치면 깨끗하게 만들 수 있다.

비엔나 인형

재료

딤섬(시판품) ········· 2개
식용유 ········· 적당량
비엔나 소시지(작은 것) ········· 2개
메추리알 ········· 1개
홍피망 ········· 적당량
검은깨 ········· 4개

만드는 법

1 딤섬을 몸체로 하고 비엔나 소시지를 프라이팬에서 볶아 얼굴로 만든다.
2 삶은 메추리알을 반으로 잘라 모자를 만들고, 홍피망을 적당한 크기로 잘라서 차양을 만든다. 검은깨로 눈을 만들어 붙여 도시락통에 담는다.

새우와 관자볶음

재료

관자(삶은 것) ········· 3개
새우 ········· 2마리
식용유 ········· 적당량
간장 ········· 적당량
치즈볼 ········· 2개
파슬리 ········· 적당량

만드는 법

1 관자와 새우를 달군 프라이팬에 식용유를 두르고 볶아서 간장을 뿌려 꼬치에 꽂고 도시락통에 담는다.
2 치즈볼을 도시락통의 빈 곳에 담는다.

크리스마스

남보다 한 발 먼저 산타클로스
에게 선물을 부탁해 보자

도시락 담는 요령

크리스마스에 어울리는 색배합

산타클로스의 얼굴이 되도록 치킨라이스의 모양을 잡고, 밥과 슬라이스 햄, 비엔나 소시지와 김을 배치한다. 장식하는 재료도 크리스마스에 어울리는 빨강과 녹색 재료를 사용한다.

13분

산타클로스 치킨라이스

재료

- 양파(다진 것) ···· 10g
- 닭가슴살 ···· 40g
- 버터 ···· 5g
- 케첩 ···· 2T
- 밥 ···· 110g
- 소금 ···· 적당량
- 슬라이스 햄 ···· 1장
- 비엔나 소시지 ···· 1/5개
- 김 ···· 적당량

만드는 법

1 프라이팬에 버터를 녹여 양파 다진 것과 잘게 썬 닭가슴살을 볶는다.

2 케첩에 밥 80g을 넣어서 볶고, 소금을 뿌려 간을 한다음 산타 얼굴 모양으로 도시락통에 담는다.

3 산타의 얼굴 부분은 슬라이스 햄, 코 부분은 볶은 비엔나 소시지, 눈은 김으로 만들고, 나머지 부분은 흰 밥으로 채운다.

새우와 브로콜리

재료

- 새우(냉동) ···· 2마리
- 브로콜리 ···· 2개
- 소금 ···· 적당량
- 식용유 ···· 적당량
- 계란 ···· 적당량

만드는 법

1 새우와 브로콜리를 소금물에 데쳐서 도시락통에 담는다.

2 달군 프라이팬에 식용유를 두르고 계란 지단을 부쳐 삼각형으로 자른 다음, 새우 사이에 끼워 넣는다.

영양은 물론 !
더욱 더 귀엽게

친구초대날

표고 새우볶음 아스파라거스 베이컨 말이

재료

생표고 ···· 2장
밀가루 ···· 적당량
새우 ···· 5마리
소금 ···· 약간
마요네즈 ···· 적당량
식용유 ···· 적당량
베이비 아스파라거스 ···· 5줄기
베이컨 ···· $^1/_2$장

만드는 법

1 생표고의 기둥을 떼어낸다. 기둥 부분을 다지고, 갓 부분은 밀가루를 묻혀 둔다.

2 새우살을 칼 등으로 으깨서 1의 다져 놓은 표고의 기둥 부분과 소금, 마요네즈를 넣어 섞는다. 이것을 표고 갓 부분에 채워서 달군 프라이팬에 식용유를 두르고 굽는다.

3 베이비 아스파라거스를 베이컨으로 말아서 프라이팬에 기름을 두르고 굽는다. 적당한 크기로 잘라서 도시락통에 담는다.

손말이 초밥

재료

밥 ···· 30g×3
계란 푼 것 ···· 2T
식용유 ···· 적당량
훈제 연어 ···· 1장
비엔나 소시지 ···· 적당량
김 ···· 적당량
검은깨 ···· 2개
홍피망 ···· 적당량

만드는 법

1 밥을 랩에 싸서 둥글게 뭉친다.

2 계란 푼 것은 프라이팬에서 지단으로 부친다.

3 훈제 연어, 계란 지단, 꽃 모양으로 파낸 햄을 밥 위에 얹는다. 검은깨로 눈, 홍피망으로 입, 얇게 썰어서 볶은 비엔나 소시지로 얼굴을 만들어 계란지단 위에 얹는다.

대합 치즈구이

재료

대합(해감한 것) ···· 3개
물 ···· 약간
피자 치즈 ···· $^1/_2$장
파슬리 ···· 약간

만드는 법

1 대합을 잘 씻어서 물을 넣은 냄비에 넣고 뚜껑을 덮은 채로 익힌다.

2 대합의 입이 열리면 냄비에서 꺼내어 알루미늄 주름컵에 담는다.

3 대합에 피자 치즈를 얹고 토스터에서 구워 낸 다음, 파슬리를 뿌린다. 식으면 도시락통에 담는다.

도시락 담는 요령

아이들이 좋아하도록 귀엽게 담는다

햄을 꽃 모양으로 자르고, 비엔나 소시지로 얼굴 모양을 만드는 등 조금만 정성을 들여 귀엽게 만들어 보자. 밥의 크기를 맞추어 모양을 둥글리면 훨씬 귀여운 초밥을 만들 수 있다.

식빵 케이크

재료

식빵 ······ 2장
초콜릿 크림 ······ 20g
생크림 ······ 50ml
딸기맛 분말 ······ 적당량
딸기 ······ 2개
계란 지단 ······ 소량

만드는 법

1 식빵을 서로 크기가 다르게 원형으로 자르고, 큰 것이 아래로 오게 쌓는다.
2 1의 식빵 사이에 초콜릿 크림을 발라서 도시락통에 담는다.
3 딸기맛 분말의 연한 핑크색으로 물들인 생크림을 빵 위에 올린 다음 딸기를 곁들인다. 쌓아올린 케이크 위에 삼각형으로 만 계란 지단을 얹는다.

돼지고기 피망전

재료

돼지 다진고기 ······ 20g
소금, 후추 ······ 약간씩
계란 푼 것 ······ 1T
피망 ······ 1/2개
식용유 ······ 적당량
케첩 ······ 적당량

만드는 법

1 돼지고기에 소금, 후추, 계란을 넣어 잘 섞는다.
2 피망을 1cm 폭의 고리모양으로 썰어 1에서 만든 고기 속을 채운다. 달군 프라이팬에 식용유를 두르고 앞뒤로 충분히 부친다. 식으면 도시락통에 담는다.
3 2의 위에 케첩을 뿌린다.

계란말이, 닭튀김

재료

Ⓐ
- 계란 ······ 3개
- 설탕 ······ 1T
- 물 ······ 1T
- 소금 ······ 약간

닭고기 ······ 약간
청주 ······ 적당량
간장 ······ 적당량
밀가루 ······ 적당량
식용유 ······ 적당량

만드는 법

1 그릇에 Ⓐ를 넣고 섞어서 달군 프라이팬에 식용유를 얇게 코팅하듯 둘러서 사각형이 되도록 계란말이를 만든다.
2 청주와 간장에 재어 둔 닭고기에 밀가루옷을 입힌다.
3 2의 닭고기를 넉넉한 기름에 튀겨서 도시락통에 담는다.

아스파라거스, 감자 튀김

재료

아스파라거스 ······ 2줄기
소금 ······ 약간
홍피망 ······ 적당량
감자 튀김(냉동) ······ 6개
식용유 ······ 적당량

만드는 법

1 아스파라거스를 소금물에 데쳐서 반으로 자른다.
2 달군 프라이팬에 식용유를 두르고 감자튀김을 볶은다음 소금을 친다.
3 식으면 도시락통에 담는다. 1에 홍피망을 한줄기 채 썰어 곁들인다.

!

상하기 쉬운 식재료 대책법

익히지 않은 딸기에는 설탕을 뿌린다

케이크에 들어 있는 딸기는 생크림에 둘러싸여 있어서 그것만으로도 방지책이 되지만, 그래도 불안하다면 설탕을 뿌려 둔다.

1년에 한 번뿐인 특별한 날에는 모두가 부러워하는 케이크 도시락

생일 도시락

보는 것만으로 웃음짓게 만드는 물고기 도시락

어린이날

15분

새우 튀김 물고기

재료

밥 ······ 40g×2
새우 튀김(시판품) ······ 2개
메추리알 ······ 1/2개
아스파라거스 ······ 적당량
검은깨 ······ 적당량
식용색소 ······ 약간
비엔나 소시지 ······ 적당량
김가루 ······ 약간

만드는 법

1 김가루를 섞은 밥으로 새우 튀김 한 개를 감싸고, 저민 메추리알에 검은깨를 뿌려 눈을, 데친 아스파라거스를 반달모양으로 썰어 비늘을 만든다.

2 식용색소를 섞은 밥으로 새우 튀김 한 개를 감싸고, 저민 메추리알에 검은깨를 뿌려 눈을, 살짝 볶은 비엔나 소시지를 반달모양으로 썰어 비늘을 만든다.

도시락 담는 요령

물고기 모양이 살아나도록 예쁘게 배치한다

물고기모양이 잘 살아나도록 비엔나 소시지와 아스파라거스는 가지런히 배치한다. 식용색소와 김가루는 너무 많이 섞지 않도록 해야 깨끗하게 마무리된다.

간단히 만드는 맛있는 디저트!

아이들에게 인기만점 디저트 레시피

아이들도 즐겁게 만들 수 있는 간단한 응용요리

[방울 카스텔라]

재료

방울 카스텔라 ················· 3개
쵸코펜(흰색, 검은색) ······· 적당량

만드는 법

1 방울 카스텔라에 쵸코펜으로 좋아하는 글자나 모양을 그린다.

벌꿀을 이용해서 부드러운 단맛을 낸 일품 디저트

[꿀살구]

재료

(만들기 쉬운 분량)
건조살구 ····················· 10개
물 ························· 100ml
벌꿀 ························· 1T
레몬즙 ······················· 1/2t

만드는 법

1 모든 재료를 작은 냄비에 넣고 불에 올려 5분 정도 익힌다.
2 1이 다 익으면 불을 끄고 식힌 후 냉장고에 1시간 정도 넣어 두어 더욱 차갑게 식힌다.

따끈따끈 달콤한 고구마

[스위트 포테이토]

재료

군고구마(시판품) ··············· 50g
버터 ···························· 5g
설탕 ···························· 1T
우유 ···························· 1T
검은깨 ···················· 적당량

만드는 법

1 전자레인지에서 군고구마를 20초 정도 데운다.
2 1이 식기 전에 포크로 으깬다.
3 그릇에 2를 넣고 버터, 설탕, 우유를 넣어 잘 섞는다.
4 3을 3등분해서 둥글게 빚고 검은깨로 장식한다.
5 4를 오븐 토스터에서 5분 정도 굽는다.

한입에 쏙 바삭바삭 초콜릿

초코크리스프

재료

마시멜로 ······················ 3개
쌀 크로칸트 ···················· 2T
판 초콜릿 ····················· 1줄

만드는 법

1 마시멜로를 내열그릇에 담아 전자레인지에서 20초 정도 가열한다.
2 1이 식기 전에 쌀 크로칸트를 묻힌다.
3 판 초콜릿을 부수어서 내열용기에 담아 전자레인지에서 10초 정도 가열한다.
4 3의 초콜릿에 2를 굴린다.

한천으로 만드는 웰빙 디저트

한천 푸딩

재료

(소스컵 2~3개분)
한천가루 ····················· 10g
뜨거운 물(95℃ 이상) ········ 25ml
우유 ························ 25ml

만드는 법

1 뜨거운 물에 한천가루를 넣고 거품기로 1분 정도 휘저어 거품을 낸다.
2 1에 우유를 넣고 잘 섞는다.
3 2를 틀에 붓고 냉장고에서 식혀서 굳힌다.

바삭한 식감과 부드러운 감촉이 절묘하게 나타나는 하모니

마시멜로 샌드비스킷

재료

비스킷 ······················· 4개
마시멜로 ····················· 2개

만드는 법

1 비스킷 위에 마시멜로를 얹는다.
2 1을 내열용기에 담아 전자레인지에서 20초 정도 가열한다.
3 2의 마시멜로 위에 비스킷 하나를 더 얹는다.

간식으로 안성맞춤 중화풍 디저트

쁘띠살구씨

재료

한천 살구가루 ········· 10g
뜨거운 물(90℃ 이상) ········· 25ml
우유 ········· 15ml
체리 ········· 1개

만드는 법

1 뜨거운 물에 한천 살구가루를 넣고 거품기로 1분 정도 거품을 낸다.
2 1에 우유를 넣고 잘 섞는다.
3 2를 틀에 부어넣고 냉장고에서 차갑게 식혀 굳힌다.
4 3이 굳으면 위에 장식용으로 체리 조각을 올린다.

컬러풀한 색과 맛이 즐거운

후르츠 젤리

재료

흐루츠 젤리(시판품) ········· 3개
그래뉴당 ········· 2T

만드는 법

1 흐루츠 젤리를 반으로 자른다.
2 1의 젤리 표면에 붙어 있는 설탕을 물로 씻어낸다.
3 2에 그래뉴 당을 묻힌다.

기분까지 달콤해지는 서양 디저트

쁘띠 바바루아

재료

(소스컵 2~3개분)
한천가루 ········· 10g
뜨거운 물(80도 이상) ········· 15ml
우유 ········· 15ml
오렌지 후르츠 소스 ········· 1t
귤 ········· 2~3조각
(후르츠 소스, 과일은 취향껏)

만드는 법

1 뜨거운 물에 한천을 넣고 거품기로 1분 정도 저어서 거품을 낸다.
2 1에 우유와 후르츠 소스를 넣고 잘 섞는다.
3 2를 틀에 붓고 냉장고에서 굳힌다.
4 귤로 마무리 장식을 한다.

갖가지 과일로 예쁘게 담아보자!

후르츠 타르트

재료

커스터드 크림 분말 ··········· 10g
타르트컵(시판품) ·············· 2개
우유 ························· 25ml
귤, 키위, 파인애플 ·········· 적당량
(과일은 취향껏)

만드는 법

1 커스터드 크림 분말에 우유를 넣는다.
2 1을 거품기로 섞는다.
3 2를 타르트컵에 채운다.
4 자른 귤, 키위, 파인애플을 담는다.

뽀송뽀송 부풀어 오른

찐빵

재료

(주름컵 2~3개분)
핫케이크 가루 ················ 25g
계란 ························· 1/4개
우유 ························· 1T
설탕 ························· 1/2T
식용유 ······················· 1/2T

만드는 법

1 모든 재료를 그릇에 넣고 섞어서 반죽을 만든다.
2 푸딩 컵에 유산지 컵을 넣고 1의 반죽을 붓는다.
3 냄비에 2cm 정도 뜨거운 물을 붓고, 2를 넣어 뚜껑을 덮은 채로 10분 정도 찐다(전자레인지에서는 뚜껑을 덮지 않고 1분 정도 가열한다).

달짝지근하고 쫀득한

새알떡

재료

찹쌀가루 ····················· 50g
물 ··························· 50ml
흑설탕 ······················· 1T
뜨거운 물 ···················· 1T

만드는 법

1 그릇에 찹쌀가루를 넣고 물을 조금씩 부어 가면서 치댄다.
2 1을 데친 후 찬물에 헹구어 식힌다.
3 흑설탕과 뜨거운 물을 섞어서 속을 만든다.
4 2에서 식힌 떡에 3의 속을 채운다.

동물이나 과일모양으로 도시락을 화려하게 장식하면 맛도 즐거움도 두 배!

아이들이 좋아하는 반찬으로 만든 장식

토끼

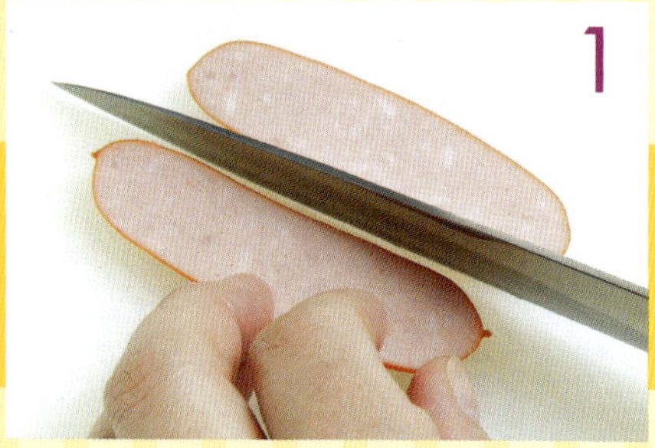

1

비엔나 소시지를 세로로 반을 가른다.

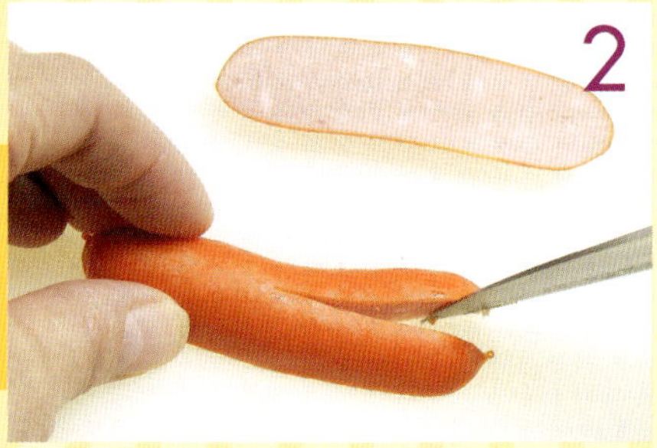

2

자른 비엔나 소시지 가운데에 칼집을 넣는다. 볶은 후에 검은깨로 눈을 붙인다.

문어

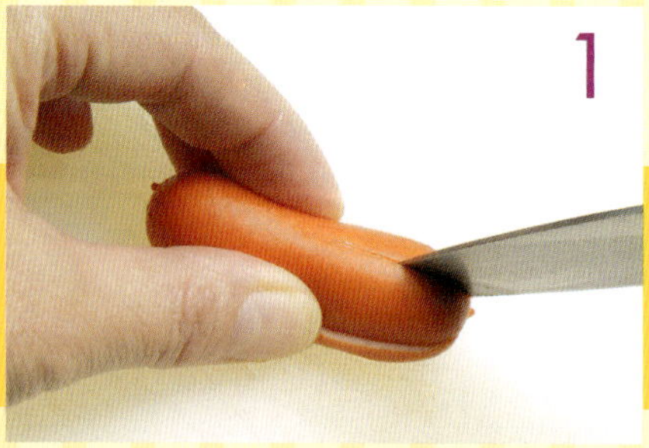

1

비엔나 소시지의 정가운데보다 약간 아래쪽으로 칼집을 넣어서 4등분한다.

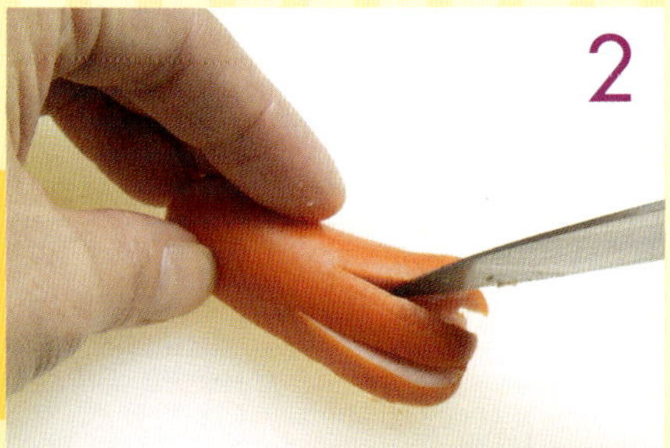

2

다시 4등분한 부분의 가운데 쪽부터 칼집을 넣어 8개로 갈라지게 한다. 다리가 벌어지듯이 구부려 가면서 볶은 후, 중심에 김을 말아 이쑤시개를 꽂아서 입을 만든다.

게

1

비엔나 소시지를 세로로 반 나눈다.

2

양끝에 칼집을 세 군데 넣어 다리와 집게를 만든다. 볶은 후 검은깨로 눈을 붙인다.

파인애플

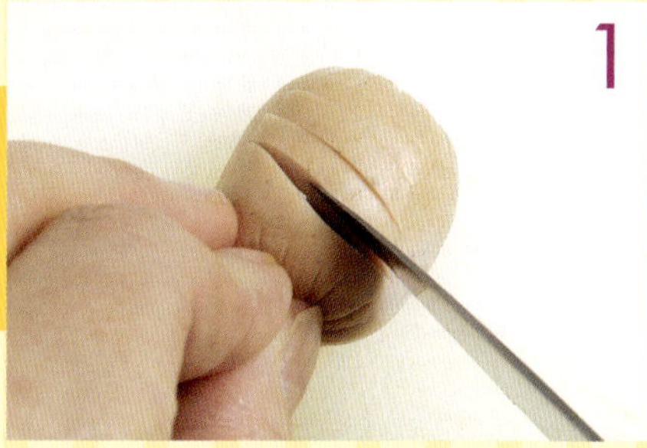

작은 비엔나 소시지에 비스듬하게 칼집을 넣는다.

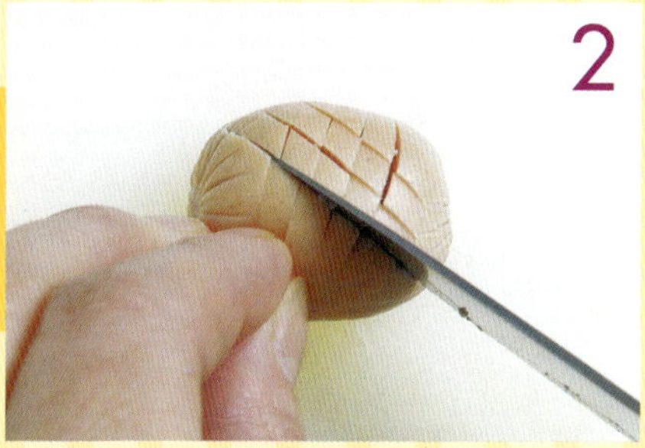

먼저 넣은 칼집과 교차되도록 다시 비스듬하게 칼집을 넣는다. 볶은 후 파슬리를 꽂는다.

옥수수

비엔나 소시지를 세로로 반 가른다.

비스듬하고 촘촘하게 칼집을 넣는다. 다시 먼저 넣은 칼집과 교차하도록 촘촘히 칼집을 넣고 볶는다.

꽃

비엔나 소시지를 세로로 반 가른다.

옥수수보다 더 깊게 칼집을 넣어 볶은 후 반으로 갈라 꼬치를 꽂아서 고정시킨다.

토마토꽃

방울토마토를 5등분으로 칼집을 넣는다. 이 때 토마토가 완전히 잘려 나가지 않게 주의한다.

각각의 껍질을 반정도까지 벗기고 칼끝으로 바싹 당겨가며 꽃잎모양으로 마무리한다.

딸기

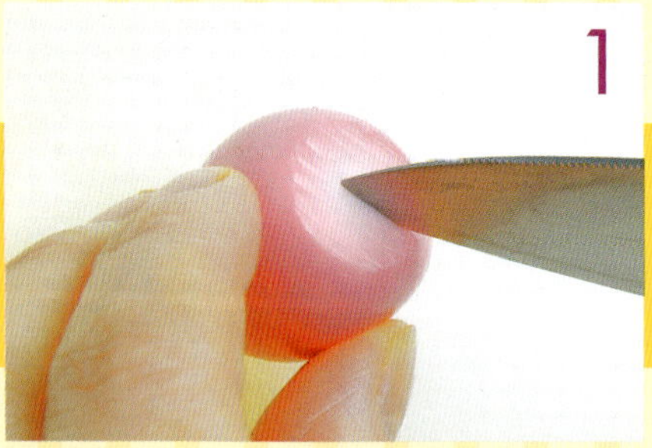

메추리알을 삶아서 식용색소로 빨갛게 물들인 후 끝을 얇게 뜬 후 파슬리를 꽂기 위한 칼집을 넣는다.

칼집을 넣은 부분에 파슬리를 꽂고 검은깨로 딸기씨를 만든다.

병아리

메추리알을 삶아서 식용색소로 노랗게 물들인 후 옆쪽에 끝이 벌어지도록 뾰족하게 칼집을 넣는다. 다른 한쪽도 같은 방식으로 칼집을 넣어 날개를 만든다.

메추리알의 끝에 칼집을 넣고 빨간 피망으로 만든 벼슬을 꽂는다. 검은깨로 눈을 만든다.

자동차

삶은 달걀의 가운데에서 끝쪽으로 칼을 이용해 ㄱ자 모양으로 도려낸다.

반대쪽도 칼로 작게 ㄱ자 모양으로 도려낸다. 둥글게 썬 비엔나 소시지를 이쑤시개로 계란에 고정시켜 바퀴와 라이트를 만든다.

돼지

삶은 달걀의 가운데 부분에서 끝까지 ㄱ자 모양으로 도려낸다.

계란 위쪽에 끝이 뾰족하게 칼집을 넣어서 귀를 만든다. 반달모양으로 자른 비엔나 소시지를 얹고 검은깨로 코와 눈을 만든다.

장미

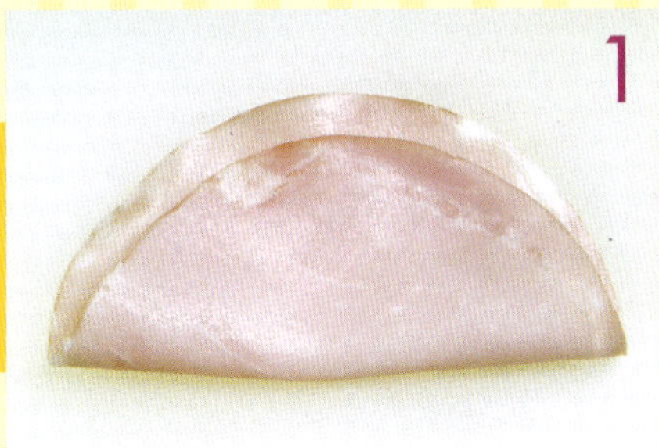

슬라이스 햄을 조금 빗겨서 반으로 접는다.

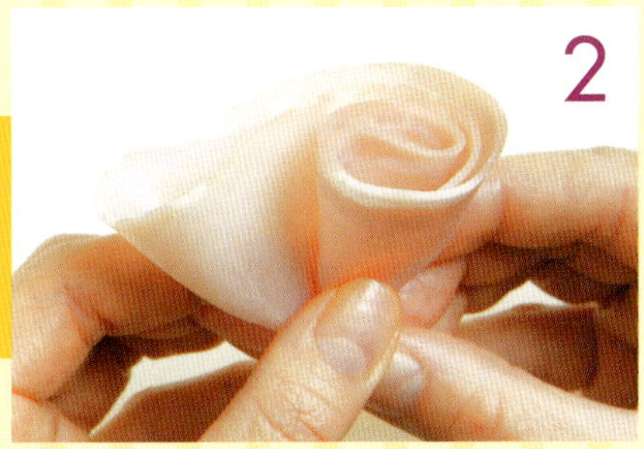

끝에서 감기 시작하여 끝을 꼬치로 고정한다. 바깥쪽 끝을 조금 되돌려 접어 장미꽃 모양으로 보이게 한다.

도시락 소품 대집합!

도시락을 쌀 때 편리한 소품을 준비해 두면 실용적일 뿐만 아니라 아이들의 도시락에는 유쾌하고 귀여운 것을 고르고 싶은 것이 엄마 마음!

내용물을 귀엽게 연출하기 위한 도구

여러가지 도구를 잘 이용해서 도시락을 예쁘게 장식해 보자!

비엔나 컷터

비엔나 소시지를「문어」,「게」모양으로 만들거나, 칼집을 낼 수 있다.

(왼쪽) 동물친구 끼우개 (오른쪽) 시트 끼우개 프렌즈

아이들이 좋아하는 동물이 반찬 사이사이에 보이면 즐거움이 두 배!

김펀치

김이나 얇은 재료를「곰」,「하트」,「별」모양으로 만들어 준다.

맛가루 시트

시트를 놓고 맛가루를 뿌리면 캐릭터 모양이 만들어진다.

메시지 꼬치 8종 세트

엄마의 메시지가 들어 있는 동물모양 꼬치가 있으면 아이들이 너무 좋아한다.

변신 삶은 계란 2

삶은 계란이「호박」,「아이스크림」,「주먹밥」으로 대변신!

(왼쪽) 체크케이스 (가운데) 큐트케이스 (오른쪽) 컬러글래싱컵

컬러풀한 컵케이스를 사용하면 도시락을 더욱 예쁘게 연출할 수 있다.

동물모양 꼬치

날마다 동물모양을 바꾸면 도시락을 여는 것이 즐거워진다.

주먹밥 큐브

아이들도 한입에 먹을 수 있는 크기로 주먹밥을 쉽게 만들 수 있다.

동물 반찬캡

캡을 열기 전까지 어떤 반찬이 들어 있을까 하는 기대감을 맛볼 수 있다.

튀김요리용 페어케이스 (왼쪽/10호, 오른쪽/사각)

여분의 기름을 흡수하는 편리한 용기. 도시락이 미끌미끌해지는 것을 방지할 수 있다.

도시락의 겉 모양을 특별하게 만드는 도구

깜찍하고 귀여운 소품들로 친구들의 부러움을 살지도….

사과 소스 케이스

그날의 기분에 따라 표정이나 색을 바꿀 수 있다. 사과모양 스포이드 포함.

양념 케이스(프렌드)

이렇게 귀여운 케이스가 들어 있다면 아이들도 정말 좋아할 듯! 스포이드 포함.

사과 맛가루통

보는 재미, 여는 재미, 먹는 재미가 한층 즐거워지는 소품.

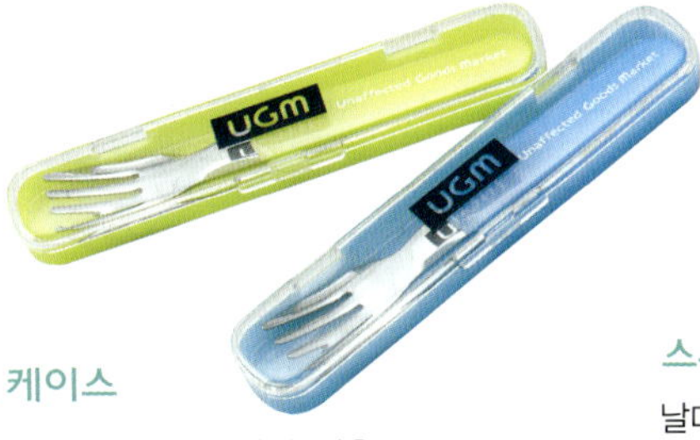

포크 & 케이스

아이들이 좋아하는 색깔, 잡기 쉬운 크기를 골라 주자. 케이스 포함.

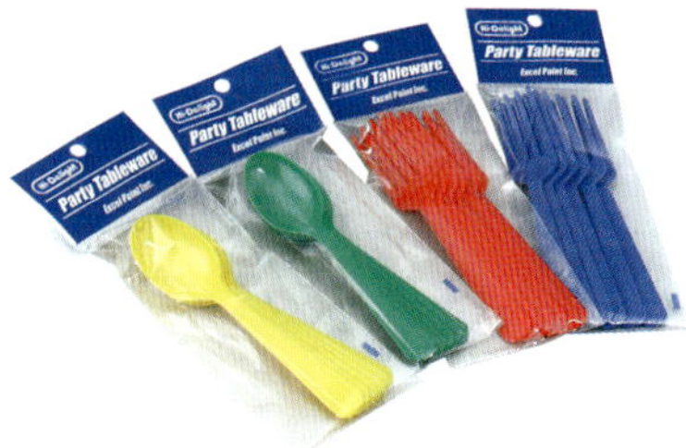

스푼 & 포크

날마다 색깔을 바꾸면 도시락에 생기가 돈다.

(왼쪽) 런치팩 체어플 (오른쪽) 런치팩 트리오체크

레인지에서 데울 수 있는 내열, 내수소재의 편리한 런치팩.

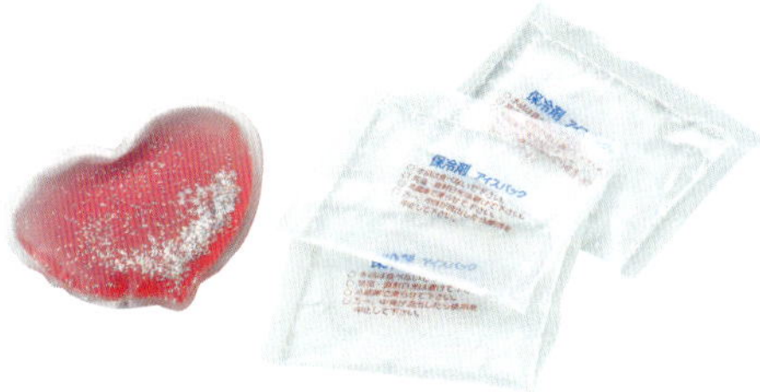

(왼쪽) 하트모양 보냉제 (오른쪽) 도시락용 보냉제

하트형 보냉제로 귀여움을 더해 보자. 음식이 상하기 쉬운 여름철에 필수 아이템!

DERI 도시락 주머니

귀여운 주머니에 넣어 주면 도시락을 가지고 다니는 것이 더욱 즐거워진다.

종이 물수건

물수건도 컬러풀하고 귀여운 것으로 준비해 준다.

도시락주머니

발랄한 기분을 느끼게 해 주는 스트라이프 주머니.

샌드위치 케이스

가끔은 컬러풀한 런치팩으로 기분을 돋우워 주자.

항균 시트
(왼쪽) 반찬이 상하는 것을 방지 (오른쪽) 고슬고슬한 밥맛이 그대로

여름철에 편리하다. 습기와 상하는 것을 방치하여 도시락을 맛있게 유지해준다.

(왼쪽) 샌드위치 시트 (오른쪽) 주먹밥 글래싱

샌드위치나 주먹밥을 싸면 눅눅해지지 않고 신선한 그대로 유지된다.

바쁜엄마의 간편요리 ④ 워킹맘 도시락

2009년 4월 10일 초판 인쇄
2009년 4월 15일 초판 발행

옮긴이 김보성
펴낸이 주병오

펴낸곳 지구문화사
JIGU PUBLISHING Co.

경기도 파주시 교하읍 문발리
파주출판문화정보산업단지 518-2
영업부 (031) 955-7566·7577
편집부 (031) 955-7731
FAX (031) 955-7730
E-mail jigupub@hanmail.net
홈페이지 http://www.ji-gu.co.kr

출판등록 1979년 7월 13일 제 59 호

ISBN 978-89-7006-456-7 값 8,000 원